Helena Henneken
they would rock
59 Tage Iran

GUDBERG NERGER

Qazvin

FÜR

Ali	*Fatemeh*
Alireza	*Sanaz*
Reza	*Sara*
Mohammad	*Zarah*
Amir	*Maryam*
Mehdi	*Niloufar*
Hamed	*Saba*
Hossein	*Azadeh*
Nima	*Tara*
Aziz	*Bita* *

… und viele mehr.

Kurz: Für all die Iraner, die mich zu diesem Buch inspiriert haben.
Die mir auf meiner zweimonatigen Reise durch ihr Land begegnet
sind – im Frühjahr 2013, als Ahmadinejad noch Präsident war.
Die mich in ihr Leben eingeladen haben.
Die ihre Geschichten und Gedanken mit mir geteilt haben.
Die mit dem, was sie sagen und tun, manchmal sogar sehr bewusst
gegen geltende Gesetze der Islamischen Republik Iran verstoßen –
und Ärger mit der Staatsgewalt riskieren.
Deren Namen ich deshalb in diesem Buch geändert habe.

Für die Hauptdarsteller meiner Reise – für
die Hauptdarsteller dieses Buches!

---

* *Persönliche Top 10 der in 59 Tagen Iran meistgehörten Vornamen*

Gorgan

Mashhad

Yazd

59 Tage Iran

✶

50 besuchte Orte insgesamt,
davon 18 Orte mit Übernachtung

✶

69 Einladungen von fremden Menschen,
davon 36 angenommene und 21 ausge-
schlagene Einladungen zu ihnen nach Hause
plus 12 angenommene Einladungen zu Essen
und Tee aushäusig

✶

104 „Welcome to Iran!"-Begrüßungen
durch unbekannte Menschen

✶

82 Mal Beantwortung der Frage
„Are you married?"

✶

28 erhaltene Geschenke

✶

390 getrunkene Gläser Tee

✶

90 verzehrte Weißbrote in
7 verschiedenen Weißbrotarten

✶

6,5 verzehrte Hühner

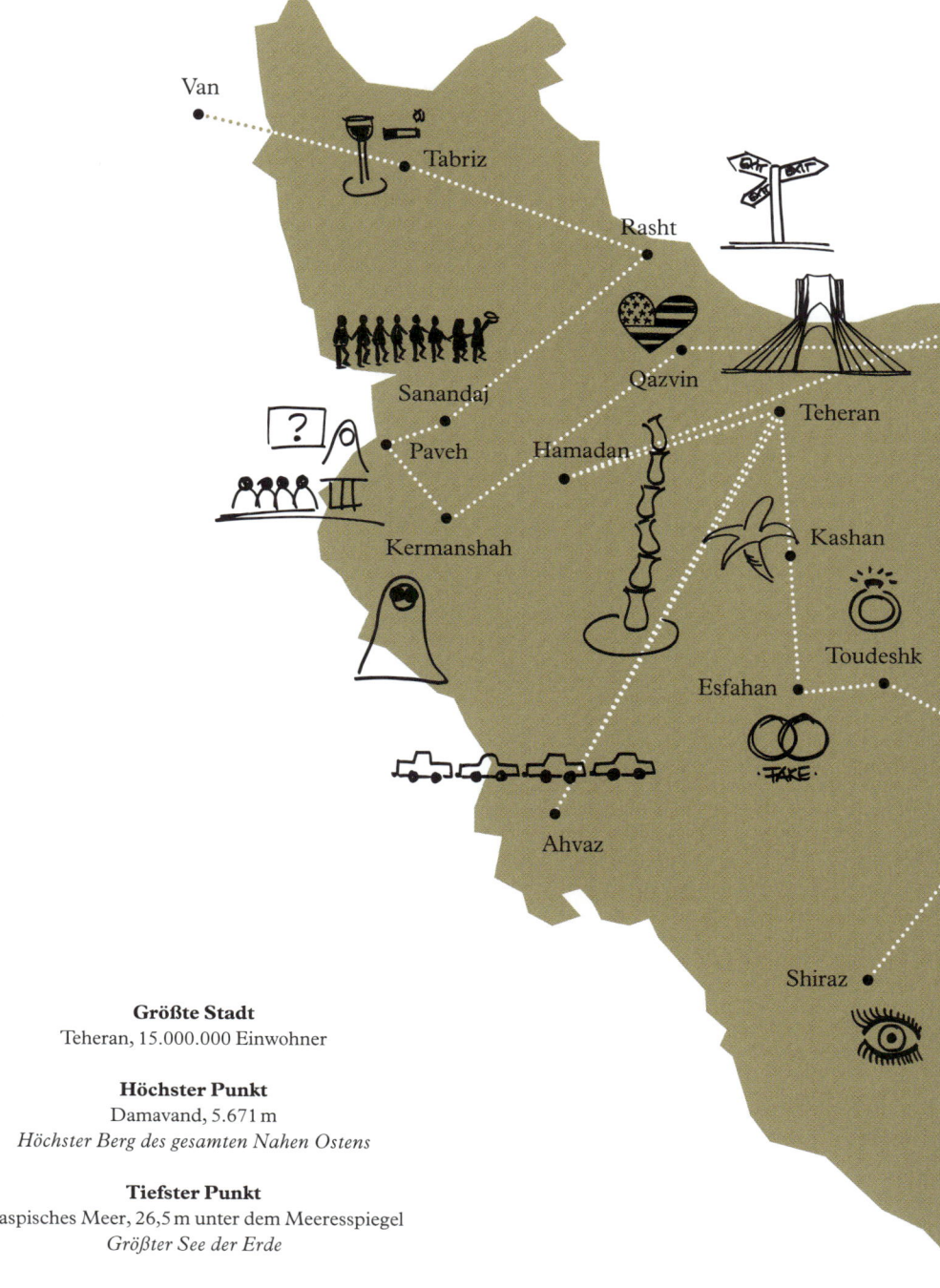

Van

Tabriz

Rasht

Sanandaj

Qazvin

Teheran

Paveh

Hamadan

Kermanshah

Kashan

Toudeshk

Esfahan

FAKE

Ahvaz

Shiraz

Größte Stadt
Teheran, 15.000.000 Einwohner

Höchster Punkt
Damavand, 5.671 m
Höchster Berg des gesamten Nahen Ostens

Tiefster Punkt
Kaspisches Meer, 26,5 m unter dem Meeresspiegel
Größter See der Erde

فرودگاه شیراز   فرودگاه استانبول

Flughafen Istanbul – Flughafen Shiraz

Flughafen Istanbul: 7 Stunden
bis zum Abflug in den Iran

„Iran?!?" Große Augen gucken mich an. „Geschäftlich?"

„Nein, privat. Reisen."

„Ah, eine Tour?"

„Nein. Backpacking."

„Alleine?"

„Ja."

„Du, als Frau?!?"

„Ja."

„Mutig ...!"

Klassisches Gespräch in den letzten Monaten. Immer wieder die gleichen Fragen. Immer wieder das Gefühl, mich erklären – oft sogar rechtfertigen – zu müssen. Und auf großes Unverständnis zu stoßen.

Natürlich gab es auch die anderen, die mit „Iran? Spannend! Viel Spaß! Und berichte mal!" Aber die waren eindeutig in der Unterzahl. Und mitkommen wollte von denen auch keiner.

„Übrigens: Helena heiratet einen Iraker."

„Ich fahre in den Iran, nicht in den Irak."

„Ist doch egal, da kannst du auch einen Iraker heiraten."

„Bestimmt. Aber das kann ich auch in Hamburg."

„Wo auch immer: Wenn du wieder da bist, feiern wir deine
Wiederauferstehung!"

Der kleine Unterschied: „n" oder „k". Kaum einer kennt ihn bei uns. Mich eingeschlossen. Iran? Verschwimmt irgendwie mit seinen Nachbarländern, wirkt bedrohlich: Atomkonflikt, Streit mit Israel, totalitäres Regime, wahnsinniger Präsident, Fundamentalisten, auf der „Achse des Bösen", Terroristen ... Teil eines politischen Konfliktes, der immer wieder die ganze Welt in Atem hält.

Doch außerhalb der politischen Bühne weiß ich eigentlich kaum etwas über den Iran – über das Leben, das Land, die Menschen. Vielleicht fahre ich genau deshalb hin: Weil mich Schnipsel von Berichten anderer Reisender und in Deutschland lebender Iraner neugierig gemacht haben,

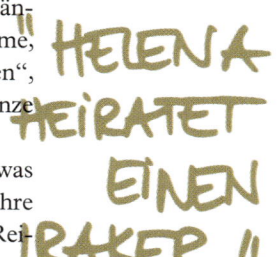

HELENA
HEIRATET
EINEN
IRAKER "

Evan Lake, Alamut Valley

weil ich mehr darüber wissen möchte, weil mir irgendwie irgendetwas sagt, dass das Land ganz anders sein könnte.

Was auch immer dieses „irgend..." ist. Ich bin gespannt, ob ich es tatsächlich finden werde. Ob ich die 30 Tage meines Touristenvisums ausnutzen oder mir nach fünf Tagen eingestehen werde, dass ich gerade blauäugigen Quatsch mache und doch besser schnellstmöglich in die Türkei weiterreise. Ich weiß es nicht. Aber gleich geht die Reise los.

„Und, schon aufgeregt?" – Nein. Aufgeregt kann ich das Gefühl gerade nicht nennen. Auch nicht angespannt. Aber gespannt. Gespannt auf alles, was mich in diesem Land erwartet. Und ganz bestimmt: sehr neugierig.

Die Wochen davor

Zugegeben, meine Reisevorbereitungen waren so umfassend wie noch nie: zwei Sachbücher, zwei Reiseführer, sechs Wochen Farsi-Unterricht, diverse iranische Filme zur abendlichen Unterhaltung ... und die Buchung des ersten Hotels bereits Monate im Voraus. Informationen und Wissen einsammeln, um die Angst vor der Ungewissheit zu nehmen. Zu beruhigen.

Und plötzlich begegneten mir schon in Deutschland überall Iran-Botschafter: Exil-Iraner, Halb-Iraner, Iran-Reisende, Iran-Fans ... Überraschend viele – die sich alle überraschend viel Zeit für mich nahmen. Die von ihren Erfahrungen im Iran berichteten. Kontakte herstellten. Besorgt waren. Hilfe anboten. Und meine neugierige Vorfreude wachsen ließen.

Resa

Iraner, aus Hamburg, beruflich regelmäßig im Iran – der mir geduldig zwei Stunden lang Fragen beantwortet und die erste Angst nimmt: „Was du hier in den Medien über den Iran hörst, mag stimmen, betrifft dich im Land aber nicht ... Das Land ist traumhaft, die Menschen sind sehr neugierig und hilfsbereit. Aus meiner Sicht ist es das sicherste Reiseland im Nahen Osten. Ja, du musst dich an einige Regeln halten – aber wenn du das tust, wirst du eine fantastische Zeit haben.“

Aziz

Olivenhändler auf dem Wochenmarkt in Hamburg Eimsbüttel – den ich bis vor Kurzem noch für einen Griechen hielt, der sich aber zwei Wochen vor meiner Abreise als Iraner entpuppt und mir sofort Telefonnummern von Bekannten im Norden und im Süden des Landes mitgeben möchte.

Hanieh

Tochter ausgewanderter Iraner, gelegentlich auf Familienbesuch im Iran – die mir umfassend von ihren Erlebnissen als Frau im Land berichtet, umgehend den Kontakt zu ihren Verwandten vor Ort herstellt – „Die will ins Hotel? Quatsch! Die kann bei uns wohnen!“ – und nach unserem Gespräch feststellt: „Jetzt bin ich aber erleichtert, dass wir endlich gesprochen haben!“

Holger

Deutscher – der vor 5 Jahren 5 Tage zum universitären Austausch im Iran war und noch heute 1,5 Stunden nonstop von seinen Reiseerlebnissen schwärmt.

Hartmut

Deutscher – dessen Reiseagentur mir eine Visa-Referenz-Nummer für den Iran vermittelt, der zufällig auch einen Iran-Reiseführer geschrieben hat, mir geduldig viele Fragen beantwortet und in meiner letzten Woche vor Abreise einen ganz besonderen Kulturtipp bereit hält: „Sie fliegen als Erstes nach Shiraz? Ich war gerade mit einem Regisseur Mittagessen, der einen Dokumentarfilm über einen amerikanischen Basketball-Spieler in Shiraz gedreht hat. Der Film läuft diese Woche in Hamburg an, und Freitag ist der Regisseur mit seiner iranischen Frau anwesend. Vielleicht eine gute Einstimmung für Sie!“

Mo

Iraner, aus Hamburg, beruflich regelmäßig im Land – der mir diverse Kontaktpersonen im Land vermittelt, ganz selbstverständlich anbietet, eine Kopie meines Passes für Notfälle aufzubewahren und mir auch bei Geld- problemen helfen will: „Als Tourist musst du dein Reisebudget komplett in bar mitnehmen, Bargeld bekommst du ansonsten im Land nicht … Also meld' dich bitte sofort bei mir, wenn etwas ist. Wobei ich sicher bin: Eigentlich wirst du diese Notrufnummern alle nicht benötigen."

Majid

Iraner, seit 35 Jahren in Deutschland, Persischlehrer und Philosoph – der unseren Sprachunterricht zum Kulturunterricht werden lässt: „Bebachschid – Entschuldigung – wenn ich das kurz berichten darf …" Der jedes Mal andere persische Köstlichkeiten dabei hat: „Befarmaid – bitteschön – das ist für euch, und den Rest nehmt ihr bitte mit nach Hause! … Und kennt ihr Maulbeeren? Probiert mal! In Hamburg gab es drei Bäume. Die kannten aber nur ich und die Spatzen. Leider wurden sie inzwischen gefällt. Wir hatten früher in Kerman zwei sehr große Maulbeerbäume im Garten. Das war überhaupt alles sehr groß da, das könnt ihr euch gar nicht vorstellen, ungefähr so wie Eppendorf. Ich bin das 11. Kind, meine engere Verwandtschaft sind 30 Leute, die weitere 50." Der mich zu persischen Konzerten und Filmvorführungen in Hamburg einlädt und zu Vorträgen über das Familienrecht im Iran an der Uni Hamburg mitnimmt. Dem es ein Anliegen ist, mir zwei Tage vor Abreise zwei Stunden kostenlosen Zusatzunterricht zu geben, damit ich noch mehr wichtige Redewendungen mitnehme und mal eben die persische Schrift lerne. Und der mir einen Tag vor Abreise eine Telefonnummer von einem „netten Herrn" in meinem Ankunftsort Shiraz gibt, den er letztes Jahr dort kennengelernt hat. „Spricht der nette Herr auch Englisch?" – „Wahrscheinlich schon. Er hat mal gesagt, dass er auswandern will."

Wenn die Menschen im Iran nur annähernd so hilfsbereit und freundlich wie diese Begegnungen sind, kann meine Reise eigentlich nur ein ganz besonderes Erlebnis werden.

7 Stunden später

Tausend Eindrücke prasseln am Flughafen Istanbul auf mich ein. Ein Gemisch aus verschiedensten Kulturen, Menschen, Sprachen, Kleidern. Ein guter Ort, um mich zumindest gedanklich schonmal auf meine „Verkleidung" der nächsten Wochen einzustimmen: Hijab – die Kleidungsvorschrift für Frauen im Iran. Lange, weite Oberteile. Arme und Beine immer bedeckt. Kopftuch.

Ausgerechnet an meinem Abfluggate nach Shiraz ist davon allerdings nichts zu sehen. Kein einziges Kopftuch. Stattdessen nur modern gekleidete Frauen. Neben ebenso modern gekleideten Männern. Die sich – völlig frei von jeglicher Geschlechtertrennung – „ganz normal" miteinander unterhalten. So fliegt man also in den Iran.

Flughafen Shiraz

Erst kurz vor Landung verwandeln sich die Frauen im Flugzeug. Die Kopftücher werden luftig um die Haare geschwungen, die Manteaus (frz. Mantel) über der „westlichen" Kleidung angelegt. Ich beobachte die Iranerinnen dabei genau, mache es ihnen nach.

Etwas unsicher und aufgeregt bin ich jetzt doch. Entspricht mein neues Outfit den iranischen Vorschriften? Darf ich so die Einreisekontrolle passieren?

Meine Flugzeugbekanntschaft – eine Deutsch-Iranerin, die ihren Vater nach seiner Rückkehr in den Iran vor vier Jahren gleich zum ersten Mal wiedersehen wird – ist fast genauso aufgeregt wie ich. Sie kennt die Kontrolle der Grenzbeamten allerdings schon und nickt mir aufmunternd zu. „Sieht gut aus!"

Also betrete ich das Land. Lächle. Lege Pass und Visum vor. Nutze meine neuen Farsi-Kenntnisse: „Salam!" Ein kritischer Blick, eine Frage des Grenzbeamten – und der Einreisestempel ist in meinem Pass. Nichts weiter, das war's schon. Ich bin im Iran.

Das Gepäck liegt auch schon bereit. Gespannt verlasse ich den Sicherheitsbereich. 3 Uhr morgens – ob jetzt wohl alles so problemlos weitergeht?

Ob der bestellte Hotel-Shuttle mitten in der Nacht tatsächlich auf der anderen Seite auf mich wartet? Nein. Kein Shuttle-Fahrer weit und breit. Stattdessen viele Menschen, die auf die anderen Passagiere warten. Einige von ihnen blicken in meine Richtung und rufen strahlend „Welcome to Iran!" Neugierig gucke ich mich um – wen sie wohl so herzlich begrüßen ...? Aber da ist keiner. Da bin nur ich. Und dann blicke ich wieder in ihre freundlichen Gesichter und verstehe: Diese Herzlichkeit gilt mir. Einem wildfremden Menschen, der gerade als Gast ihr Land betreten hat.

Neben mir liegt sich die Großfamilie meiner Flugzeugbekanntschaft unter Tränen in den Armen, feiert mit großer Freude ihr lang ersehntes Wiedersehen. Die Wiedersehensfeier wird allerdings umgehend unterbrochen, als sie mitbekommen, dass mein Hotel-Shuttle nicht erschienen ist: „Welches Hotel?" Sofort rufen sie dort an, beschweren sich, kündigen meine Ankunft an. Dann inspizieren sie die Taxifahrer vor der Tür, bis schließlich einer gefunden ist, dem sie vertrauen und den sie für einen Gast in ihrem Land für gut befinden: „Er bringt dich jetzt zum Hotel. Aber du bezahlst ihn auf keinen Fall. Das muss das Hotel machen. Und das wissen sie auch. Wenn du Fragen hast oder Probleme auftauchen, ruf uns bitte jederzeit an. Pass gut auf dich auf! Und übrigens: Wie schön, dass du hier bist! Willkommen im Iran!"

Wandteppich, Tabriz Bazar

Faludeh – „Spaghetti-Eis" aus Reisstärke
mit Rosenwasser und Limonensirup, Shiraz

Stromkasten, Mashhad

شیراز

Shiraz

Schiras / Schirāz / Shīrāz / Šīrāz

1.227.331 Einwohner

1.531 m Höhe

Tag 1 – 3

Gartenstadt
In der Nähe: Naqsh-e Rostam, Pasargadae, Persepolis

1. Einladung zum Abendessen bei fremder Familie
201 Eintrittskarten
Big & beautiful eyes
RTL II: Frauentausch

Zwei Tage mit Mr. Rezaei

Guten Morgen. Etwas durcheinander von der Reise und einer irgendwie seltsamen Zeitumstellung von dreieinhalb Stunden wache ich auf. Gespannt, wo ich in der Dunkelheit der letzten Nacht gelandet bin, verlasse ich mein Hotelzimmer – doch: stopp! Erst das Kopftuch anlegen. Ja, auch zum Frühstück im Hotel. Genaugenommen immer, sobald sich die Hotelzimmertür öffnet. Zugegeben: ein sehr komisches Gefühl. Aber ich hätte nicht in dieses Land reisen sollen, wenn ich mich darüber aufregen wollen würde. Also los. Dann eben mit Kopftuch.

In einem gemütlichen Innenhof erwarten mich bereits eine große Kanne schwarzer Tee, ein Berg Fladenbrot, weißer Käse, Tomaten, Gurken, Karottenmarmelade – und sehr freundliche Menschen, die alle kein Englisch sprechen. Also beschränkt sich unsere Unterhaltung erstmal auf persische Begrüßungsfloskeln. Wo wohl die Person ist, die mir in den letzten Wochen die netten E-Mails auf Englisch und die Buchungsbestätigung geschickt hat? Ein Hotelangestellter kommt herbeigelaufen und hält mir sein Mobiltelefon ans Ohr: „Hello?"

Shampoo & Zahnbürste
Willkommensgeschenk im Hotel

Freundlich begrüßt mich eine Männerstimme auf Englisch, fragt, wie es mir geht, was ich in Shiraz unternehmen möchte. Das muss er sein – wahrscheinlich der Hotelbesitzer. Er verspricht, in spätestens einer Stunde im Hotel zu sein.

Ich bin gerade dabei, Deutschland per problemlos funktionierendem WiFi mitzuteilen, dass ich gut im Iran gelandet bin – als der Hotelangestellte wieder herbeigelaufen kommt. Diesmal teilt er mir mit, dass mein Taxi jetzt da sei. „Taxi? No taxi." Ich habe kein Taxi bestellt. Und auch kein Interesse daran. Er aber beharrt darauf: „Yes, yes, taxi!"

Ich schüttle den Kopf. Er ebenso. Leicht verärgert verlässt er mich wieder. Um mir kurze Zeit später Mr. Rezaei vorzustellen: Taxifahrer und selbsternannter Touristen-Guide, ab jetzt zu meinen Diensten und sofort bereit, das Sightseeing-Programm zu starten. „We just talked on the phone, remember?"

Der vermeintliche Hotelbesitzer ist also ein Taxifahrer. Kleines Missverständnis – bebachschid! – trotzdem lehne ich sein Sightseeing-Angebot für den heutigen Tag ab: Ich muss erstmal ankommen, mich umgucken, Geld wechseln, eine Prepaid-Telefonkarte kaufen ... „I can help you with that, no problem!" Na gut. Dann eben doch ein Taxi. Aber nur für den Vormittag. Fürs Erste.

Schließlich werden es doch zwei ganze Tage Shiraz mit Mr. Rezaei: Mr. Rezaei als Taxifahrer, Einkaufsberater, Guide, Touristin-vor-Sehenswürdigkeiten-Fotograf und Englisch-Könner. Zwei Tage, in denen er mir in seinen vielfältigen Funktionen absolut begeistert alle Attraktionen in und um Shiraz zeigt:

* ⋆ Moscheen und einen vor Spiegel-Mosaiken funkelnden Schrein;
* ⋆ Grabstätten der großen persischen Dichter Hafez und Sadi, an denen Schulklassen lebhaft Gedichte rezitieren;
* ⋆ prachtvolle Gärten, in denen mich kichernde Schülerinnen verfolgen, um mir ihre Englisch-Kenntnisse zuzuwerfen;
* ⋆ uralte Felsengräber, vor denen wir ein Frühstücks-Picknick machen;
* ⋆ und schließlich die Krönung: Takht-e-Jamshid, bei uns besser bekannt als die altpersische Residenzstadt Persepolis, deren Ruinen heute UNESCO-Weltkulturerbe sind.

Stolz berichtet mir Mr. Rezaei von der Hochkultur des Irans bzw. Persiens, in der es schon vor gut 2.500 Jahren keine Sklaverei gab und die Menschenrechte sehr geachtet wurden. „Interessant! Damals ... Und wie sieht es hier heute mit der Achtung der Menschenrechte aus?" Diese Frage stelle ich mir – spreche sie dann aber doch nicht laut aus. Wahrscheinlich ist Mr. Rezaei nicht der passende Gesprächspartner für derlei politische Diskussionen. Außerdem ist dies erst mein zweiter Tag im Iran – und vielleicht sollte ich vor allem erstmal zuhören.

Zudem ist Mr. Rezaeis Begeisterung für die kulturellen Schätze seines eigenen Landes sehr beeindruckend und irgendwie ansteckend. Aus tiefstem Herzen verleiht er ihr regelmäßig Ausdruck: „Thank God! Thank you so much, my God!"

"BIG AND BEAUTIFUL EYES!"

Denn er ist nicht nur begeisterter Perser, sondern auch strenggläubiger Muslim. Gelegentlich entschuldigt er sich zum Gebet. Sehr geduldig erklärt er mir die religiösen Regeln. Und wenn uns etwas begegnet, was nicht diesen Regeln entspricht, nimmt er auch kein Blatt vor den Mund: Alkohol, „boy- & girlfriend", zu enge Kleidung oder zu starke Schminke von Frauen ...? – „We hate! So bad, sooo bad!"

Umso irritierter bin ich, als er mich im Museumsshop von Persepolis explizit auf ein Gläschen voll schwarzem Puder aufmerksam macht, das auf den ersten Blick wie Schminke aussieht.

„Is it make-up?"

„No! It's natural – good for your eyes. You put it on,
and they become shiny, big, beautiful! It's medical.
Natural medicine!"

„You put it on? You mean, you use it like eye drops in your eyes?"

„No, no, no – not in your eyes. Around your eyes!"

„But if you put black powder around your eyes, it looks like make-up
in the end, doesn't it?"

„No, no, not make-up. It's medical, good for you! Big and beautiful
eyes! You should try!"

Offensichtlich bleibt mir tatsächlich nichts anderes übrig, als dieses schwarze Puder auszuprobieren. Mittlerweile stehen auch die vier Museumsshop-Verkäuferinnen um uns herum und versuchen ebenfalls, mir die Wirkung des magischen Puders durch Gesten und ein paar Worte Englisch näherzubringen. Und als ich endlich einem Test zustimme, präsentieren sie es mir umso begeisterter am lebenden Objekt: Nach einer guten halben Stunde mit viel Diskussion und wechselnden Stylistinnen habe ich nicht nur sehr schwarz umrandete Augen, sondern auch so einiges an sonstigem Make-up aus ihren privaten Schminktäschchen im Gesicht. Meine Augen sind jetzt definitiv „big and beautiful" – und alle strahlen begeistert. Einschließlich Mr. Rezaei. Auch wenn mir bei einem Blick in den Spiegel sofort der Gedanke „So bad, sooo bad ...!" durch den Kopf schießt. Aber das hier ist wohl wirklich einfach nur „good for me!"

„Good for me" ist auch Mr. Rezaeis Idee, die er auf dem Heimweg verkündet – nachdem er endlich den vereinbarten Stundensatz für seinen

Sormeh –
Schwarzes Puder
Sormeh Dan –
Behälter
Eines der ältesten
Schminkmittel und
Vorfahr heutiger
Augenkonturenstifte,
hergestellt aus
verschiedenen
Mineralien und
Pflanzenölen

Service der letzten zwei Tage angenommen hat: „We stop the clock of our trip now. Would you like to come with me to my family home for dinner?" Eine spontane Einladung, die er ebenso spontan seiner Frau mitteilt – und die mich 20 Minuten später gemeinsam mit ihren zwei kleinen Kindern herzlich in ihrem Haus empfängt. Zu Tee, Gebäck, Nüssen, Obst und meinem ersten iranischen Familienabendessen auf dem Fußboden.

Die anderen Gesichter

In meiner Freizeit von Mr. Rezaeis Sightseeing-Programm streife ich durch die Stadt. Und werde auch hier von einer Welle von Gastfreundschaft überrollt: Menschen, die mir ihre Hilfe anbieten, mich in Gespräche verwickeln oder einfach nur freundlich begrüßen: „Welcome to Iran!" Auf der Straße. Im Supermarkt. Im Park.

Vor einer Moschee – wo ich auf Mr. Rezaei warte – lerne ich zwei Geschäftsmänner kennen, die mir nach kurzem Gespräch sofort eine Mitfahrgelegenheit zurück in die Stadt anbieten.

Vor einer Sehenswürdigkeit – wo ich ein Gruppenfoto einer holländischen Reisegruppe mache – drückt mir der iranische Guide einen Tee, ein Lunch-Paket und seine Telefonnummer in die Hand: „If you have any questions or problems, call me!"

2 Tage Shiraz =
201 Eintrittskarten
für Touristen,
die wesentlich höhere
Eintrittspreise als
Einheimische zahlen
und dafür umso mehr
Tickets bekommen

Und vor dem Bazar läuft mir schließlich Amir über den Weg – der mich in perfektem Schwizerdütsch anspricht. Überrascht und glücklich, neben den vielen neuen Eindrücken einen Deutschsprachigen getroffen zu haben, steige ich in ein Gespräch mit ihm ein. Doch stopp: Darf ich mich überhaupt auf offener Straße länger mit ihm unterhalten? Und mir sogar den Bazar von ihm zeigen lassen? Schließlich befinde ich mich im Iran – und hier dürfen Frauen doch in der Öffentlichkeit gar nicht mit fremden Männern sprechen, oder?

„Völliger Quatsch", kommentiert Amir meine Nachfrage lachend. Und zeigt mir seine Stadt. Durch ihn lerne ich eine ganz andere Seite der Stadt kennen: Schicke Restaurants, in denen reich aussehende Menschen „westliches Essen" speisen. Die Bar eines Hotels, in der es natürlich keinen Alkohol, aber „echten italienischen Kaffee" gibt. Das neu gebaute

"FRAUENTAUSCH."

Zuhause seiner Familie, in dem ich sofort das Kopftuch abnehmen darf und wo im Fernsehen RTL II läuft: „Frauentausch". Ich gucke die Sendung zum ersten Mal in meinem Leben. Im Iran.

Nach und nach erfahre ich Amirs Geschichte: Die Geschichte eines Iraners, der sein Land im Herzen schon lange verlassen hat, hier aber gefangen ist. Mit 21 Jahren hat er sich mit Schleppern auf den Weg nach Europa gemacht, ist nach einer krassen Reise über Land und durch diverse Asylantenheime in der Schweiz gelandet. Hier hat er viele Jahre gelebt, gearbeitet und geheiratet. Bis seine Schweizer Frau beschloss, sich scheiden zu lassen. Womit seine Duldung in Europa erlosch, und er zurückkehren musste. In ein Land, von dem er zwar den Pass besitzt – in dem er aber nicht mehr zuhause ist. In dem er keine Perspektive sieht. Und das er so schnell wie möglich wieder verlassen möchte. Auch wenn er als Einzelkind seine Eltern hier zurücklässt. Und auch wenn er dafür 14 Jahre später noch einmal die gleiche krasse Reise mit Schleppern über Land nach Europa antreten muss, die seine kompletten Ersparnisse auffressen und ihn ins Unbestimmte führen wird. Die Freiheit in Europa – das ist gerade sein einziges Ziel.

Als wir uns verabschieden, nimmt Amir plötzlich seine Kette ab und will sie mir schenken: „Damit du dich an mich erinnerst. Und mich mit nach Deutschland nimmst, zumindest symbolisch. Das würde mich sehr freuen! Denn ... du bist echt meine Traumfrau."

Gerührt, überrascht, verwirrt schaue ich ihn an. Traumfrau? Wir kennen uns gerade mal acht Stunden. Eine nette Begegnung – aber ganz bestimmt keine zwischen Traummann und Traumfrau. Doch Traumfrau hat für ihn wohl auch noch eine ganz andere Bedeutung: Eine Frau, die ihm den Traum erfüllen könnte, nach Europa zurückzukehren. Stimmt. Das bin ich. Vielleicht. Aber annehmen möchte ich die Kette nicht.

Trotz spürbarer Enttäuschung lächelt Amir freundlich. Akzeptiert meine Ablehnung ohne Nachfrage. Legt sich die Kette wieder selbst um. Und kümmert sich weiter herzlich um den Gast in seinem Land: Begleitet mich zurück zum Hotel und bringt mich abends pünktlich zum Nachtbus nach Yazd.

Takht-e-Jamshid – Persepolis

Frühstückspicknick vor Naqsh-e Rostam – Felsengräber

Marqad – symbolischer Nachbau von Grabaufbauten, Shiraz

*2 Tage Shiraz mit Mr. Rezaei =
47 Touristin-vor-
Sehenswürdigkeiten-Fotos*

يزد

Yazd

Jasd / Jesd / Yasd / Yezd

432.194 Einwohner

1.213 m Höhe

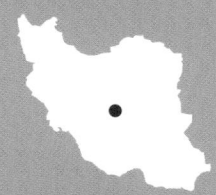

Tag 4 – 6

Wüste
Badgirs

1. Einladung zur Übernachtung bei fremder Familie
1. Mahlzeit mit Huhn
Ali Everything
Die Macht

My family would be very happy to meet you!

Meine erste Überland-Busfahrt im Iran. Der Bus: komfortabel, sauber, groß. Es werden Getränke und Snacks gereicht. Neben mir sitzt eine junge Frau. Wir lächeln uns freundlich zu, dösen beide vor uns hin.

Langsam geht die Sonne unter. Gebetszeit. Pünktlich hält der Bus an einer Raststätte mit Moschee. Einige der Passagiere machen sich schnell auf den Weg zum Gebet. Andere scheint dies überhaupt nicht zu interessieren. „Toilet?", fragt mich meine Sitznachbarin. Sie hakt mich lächelnd unter und zeigt mir den Weg. Wie überall im Land gibt es in Moschee-Nähe saubere Toiletten. Und wie selbstverständlich passt meine Sitznachbarin auf meine Tasche auf, auch wenn wir uns noch nicht einmal vorgestellt haben. Auf dem Rückweg zum Bus gehe ich noch schnell am Kiosk vorbei, um mir ein Getränk zu kaufen. Was mir vehement von meiner Sitznachbarin untersagt wird: „No, no, no – you are my guest."

Chee.toz –
Cheese Snack

Sie besteht darauf, Getränke und Snacks für uns beide zu besorgen und alles zu bezahlen. Für jede einen Softdrink, angereichert mit Fruchtfleisch, und für uns beide eine Packung Chee.toz: knallorange, übergroße Flips mit Käse-Geschmack, die genauso künstlich schmecken wie sie aussehen.

Wir kommen ins Gespräch: Sie heißt Fatemeh, ist 21 Jahre alt, Kunststudentin in Shiraz und gerade für ein paar Tage auf der Heimreise zu ihrer Familie. Ich heiße Helena, bin 35 Jahre alt und reise gerade im Iran. „My family would be very happy to meet you. You can stay at our house in Yazd!" Schon wieder so eine spontane Einladung, die mich völlig überrumpelt und die ich erstmal dankend ablehne. Schließlich kennt sie mich gar nicht, wir sind schon fast da, und es ist mitten in der Nacht – da kann ich doch nicht so einfach bei einer fremden Familie aufschlagen ...! Außerdem habe ich ein Hotel reserviert. „Hotel? No problem. We can cancel." Fatemeh besteht darauf, dass das alles gar kein Problem sei. Dass ich direkt heute Nacht mit zu ihrer Familie nach Hause kommen soll. Sie führt ein paar Telefonate. Und als wir schließlich gegen Mitternacht in Yazd ankommen, stehen da auch schon ihr Vater und ihre große

Yakh Dan – Eishaus, Meybod

Altstadt Yazd

"NO HOTEL! WE CAN CANCEL"

Schwester mit ihrem dreijährigen Sohn und empfangen uns strahlend. Ich versuche noch einmal, das reservierte Hotel ins Spiel zu bringen. Aber keine Chance: „No. No hotel! We can cancel. You are our guest! Welcome to Yazd!"

Fatemeh wohnt mit ihren Eltern in einem Wohnblock, 3-Zimmer-Apartment: 2 Schlafzimmer, Wohnzimmer mit offener Küche, Bad. Ihre zwei Schwestern sind schon ausgezogen, sie sind bereits verheiratet. Fatemeh ist die Jüngste, hat hier noch ihr Zimmer. Als wir ankommen, räumt sie es allerdings sofort für mich und zieht in das Schlafzimmer ihrer Eltern mit ein. Das sei selbstverständlich. Keine Diskussion.

Badgirs – Windfänger

Mittlerweile ist es 1 Uhr nachts, Schlafenszeit. Allerdings nicht, bevor wir nicht das große Abendessen verspeist haben, das die Mutter bereits im Wohnzimmer für uns aufgetischt hat: Brot und Reis mit Gemüse und Huhn. Eigentlich bin ich seit acht Jahren Vegetarierin. Aber das gebe ich in diesem Moment spontan auf. Dieses Willkommensessen kann ich einfach nicht ablehnen. Ebenfalls: keine Diskussion.

Am nächsten Tag zeigt mir Fatemeh ihre Stadt: Blau gekachelte Moscheen zwischen braunen Lehmhäusern, auf denen die berühmten „Badgirs" thronen: Windfänger, die seit Jahrhunderten als intelligente Belüftung in dieser trockenen und heißen Gegend genutzt werden und überall im Stadtbild von Yazd hervorstechen.

Zum Mittagessen sind wir bei ihrer Schwester eingeladen. An einem eigentlich ganz normalen Wochentag – an dem die ganze Familie zusammengekommen ist: die Eltern, ihre zwei Schwestern, deren Ehemänner und Kinder. Und da sie letzte Nacht irgendwie doch bemerkt haben, dass ich nicht so gerne Fleisch esse, haben sie Unmengen an Fisch und Meeresfrüchten gekocht. Es wird viel gelacht und geredet – auf Englisch

und Farsi, mit Händen und Füßen. Zum Nachtisch gibt es Obst, Kuchen, Nüsse, Tee. Der Vater und Fatemehs große Schwester packen ihre traditionellen Instrumente aus: Santur und Daf. Schließlich möchten sie ihrem Gast nicht nur das persische Essen, sondern auch die Musik ihres Landes näherbringen.

Damit sie mir noch mehr von der Stadt zeigen können, hat Schwager Ali sich den Nachmittag frei genommen und seinen Freund Hamed angerufen: Der ist ehemaliger Touristen-Guide, spricht perfektes American English. Hamed ist mit einer US-Amerikanerin verheiratet, die er bei seinem Studium in Indien kennengelernt hat. Das Heimatland ihres Ehemannes hat sie allerdings noch nie gesehen – im Iran wird ihre weltliche Ehe nicht anerkannt und selbst ein einfaches Touristenvisum wurde ihr bis jetzt nicht genehmigt. Zum Arbeiten ist Hamed gerade für ein paar Monate alleine in den Iran zurückgekehrt. Er begleitet uns gerne spontan beim Erkunden der Stadt. Wir sollen ihn einfach abholen.

Doch bevor wir die Familienzusammenkunft verlassen dürfen, müssen erstmal noch unendlich viele Gruppenfotos gemacht werden. Und ich darf nicht gehen, ohne einen Stapel Lavashak einzupacken: Das ist schließlich eine Spezialität dieses Landes. Und die muss ich – sobald wieder Platz in meinem Magen ist – unbedingt in all ihren Formen probieren! Zum Abschied wirft mir der dreijährige Nima am laufenden Band Kusshände zu. Dann startet Teil II des Sightseeing-Programms:

* Ich lerne etwas über die uralte Religion der Zoroastrier bzw. Zarathustrier, die in Persien verbreitet war und unsere heutigen Weltreligionen beeinflusst hat, entdecke ihre „Türme des Schweigens" und einen Feuertempel;
* werde an wichtige Plätze der Stadt, in Parks und in ein Spiegelmuseum geführt;
* entspanne bei Tee in einem dieser gemütlichen Innenhof-Restaurants und probiere ein extra für mich bestelltes Chicken-„Schnitzel" – weil es so schön deutsch klingt;
* habe das große Glück, spontan bei einem Training traditioneller Sportarten in einem „Zurkhaneh" zugucken zu dürfen – was Frauen im Iran eigentlich nicht erlaubt ist.

Lavashak –
„Persian Fruit Roll"
Dünne, feste Masse,
hergestellt aus
dem Extrakt
verschiedener
Obstsorten, z. B.
Apfel, Aprikose,
Granatapfel, Pflaume

Und: Fühle mich pudelwohl mit diesen Menschen, die ich vor höchstens 24 Stunden zum ersten Mal gesehen habe. Die mich so freundlich und selbstverständlich aufnehmen. Die mir so interessiert und begeistert ihr Leben zeigen – und mit denen ich spontan so viel Spaß haben kann. Schwager Ali mutiert im Laufe des Tages zu „Ali Everything": Ali Schumacher im chaotischen Stadtverkehr, Ali Ronaldo beim spontanen Fußballspiel vor dem Feuertempel und schließlich Ali Jackson – auf dem Heimweg, als er gemeinsam mit Fatemeh einen persischen Gesang anstimmt.

Eine gedankliche Begegnung mit „Der Macht"

Die unbefangene Offenheit und Gastfreundschaft, mit der mir die Iraner begegnen, wird an Tag 4 meiner Reise plötzlich mit einem großen Fragezeichen versehen: Gerade hat ein Guide in einer Moschee begeistert und kostenlos sein Wissen mit Fatemeh und mir geteilt – als die Unterhaltung plötzlich ins Gegenteil kippt, er nur noch mit gesenkter Stimme spricht und uns sehr erschrocken anguckt. Und das, obwohl wir ihm kurz davor von meinem fröhlichen Gastaufenthalt bei Fatemehs Familie berichtet haben.

    „Oh, pssst... Don't tell that to anyone. You will get yourself into real trouble."

    „Trouble? Why?"

    „They don't want people to host tourists."

    „But we are friends – I've only invited a friend to stay at my house!"

    „That doesn't matter. They don't care. They don't want Iranians to host foreigners. It's not dangerous for the foreigner – but it can be dangerous for us Iranians if the wrong person hears about it. So: be careful! Really, you should be very careful. You can still do it, of course. But if you do, I give you this one advice: Don't tell anyone."

Erschrocken höre ich seine Worte. Stimmt das? Ist es wirklich illegal, wenn mich Iraner zu sich nach Hause einladen? Bringe ich sie in ernsthafte Schwierigkeiten, wenn ich ihre Gastfreundschaft annehme? Dass digitale

Daf – traditionelle Trommel

Wassermuseum, Yazd

soziale Netzwerke wie Facebook geblockt sind, ist bekannt – auch wenn die meisten Iraner diese Blockaden mit den entsprechenden Tools umgehen. Aber dass auch die realen, im echten Leben entstehenden sozialen Verbindungen verboten sein sollen, das wusste ich bis jetzt noch nicht.

Fatemeh ist genauso verunsichert wie ich. Gemeinsam mit dem Guide beschließen wir, in zwei nahegelegenen Hostels nach einem Zimmer zu fragen. Er kennt beide gut, in dem einen checke ich ein. Vor den Hostel-Angestellten spinnt er eine Geschichte zusammen, die Fatemehs Freundschaft zu mir vertuschen soll: Dass sie seine Verwandte sei, die ihn begleite, nicht mich. Dass sie mich eben auf der Straße getroffen hätten. Dass mein Gepäck noch im Auto sei, wir es aber gleich holen und vorbeibringen würden ... Gerede, das meine Unsicherheit weiter wachsen lässt.

Als wir der Familie davon berichten, schütteln alle unwissend den Kopf. Sie haben noch nie davon gehört, dass es illegal sei, ausländische Gäste aufzunehmen. Aber sie machen dies ja auch zum ersten Mal, haben keine Erfahrung mit Touristen. Schwager Ali befragt seinen Freund Hamed: „That's bullshit." – aber auch er hört sich vorsichtshalber noch einmal in seinem alten Netzwerk der Touristen-Guides um.

Am Ende des Tages haben wir zwei gegensätzliche Meinungen – und keine klare Antwort. Vielleicht hat der Guide uns einen großen Dienst erwiesen und vor Schlimmerem bewahrt, vielleicht hat er unnötige Panik verursacht, vielleicht hat er eine Provision vom Hostel kassiert. Keiner weiß es so genau. Wochen später erzählen mir zwei Iraner im 930 km entfernten Sanandaj, dass ausgerechnet in Yazd gerade alle couchsurfing-Mitglieder beschattet würden. Trotzdem laden auch sie mich zu sich nach Hause ein: Wenn es wirklich illegal sein sollte, Touristen aufzunehmen, ist ihnen das offensichtlich egal.

Für mich ist es das erste Mal, dass ich einem derartigen Spiel aus Macht und Ohnmacht begegne. Ein Spiel, das durch Behauptungen, Willkür, Verbote und bewusstes Unwissen Angst verbreitet – und das bei einem so positiven Thema wie Gastfreundschaft. Gleichzeitig begegne ich Menschen, die mitten in diesem Spiel stecken – und Fremde trotz allem offen und herzlich empfangen, sogar ganz bewusst die angeblichen Verbote ignorieren.

Ganz so mutig bin ich noch nicht. Als mich kurz darauf ein freundlicher Iraner zum „... very good whiskey at home" einlädt, lehne ich dankend ab. Mir reicht es erstmal mit den Gedankenspielen. Auch wenn meine weiteren Begegnungen in Yazd genauso freundlich und offen wie die davor sind:

* Ein Geschäftsmann, der extra die Straßenseite wechselt, um mich zu begrüßen und mit den Worten „Germany – very like!" wieder zu verabschieden.
* Der Kartenabreißer im Wassermuseum, der mir und zwei weiteren Touristen die sonst verschlossenen Türen des Gebäudes öffnet.
* Zwei reisende Familien aus dem Nordwesten Irans, die mich in ein Gespräch verwickeln, das sie mit den Worten beenden: „Thank you so much. I am very happy."
* Der Besitzer eines Taxiunternehmens, der auf der Straße herbeigerufen wird, um mir den Weg zu erklären – schlicht und einfach weil er lange in San Francisco gelebt hat – und der gerade nicht sicher ist, ob er lieber im Iran oder in den Staaten leben möchte: „You know, compared to the US it's quite boring in Yazd. But it's easy and I can earn good money. In the States, you have to work your ass off."

"DON'T TELL THAT TO ANYONE. YOU WILL GET YOURSELF INTO REAL TROUBLE."

Iranische Nachrichten am 14. März 2013

Ateshkadeh – Feuertempel der Zoroastrier, Yazd

Fast eine Woche Iran:
Die vielleicht größte Gefahr

Ali Schumacher & seine vielen Brüder

Auch wenn ich gedanklich „Der Macht" begegnet bin, habe ich nach fast einer Woche Iran das Gefühl, dass der Lonely Planet bezüglich der real erlebten Sicherheitslage für Touristen tatsächlich Recht hat: Ich habe mich selten in einem so fremden Land auf Anhieb so sicher gefühlt. Bis jetzt stellt sich für mich als Deutsche nur das Überqueren großer Straßen als kleine Herausforderung dar. „Sometimes we respect red traffic lights. We never respect zebra crossings", so erklärt es mir ein Taxifahrer. Und wenn die eigene Fahrbahn voll ist, wird eben die Gegenfahrbahn benutzt.

Sollte dies allerdings die größte Gefahr bleiben, kann ich sehr gut damit leben. Und mir dabei sogar noch etwas von den Iranern und ihrer Entspanntheit abgucken: Derselbe Taxifahrer, der selten an roten Ampeln hält, winkt nur beiläufig und freundlich lächelnd, als jemand beim Einparken mit Schwung auf sein Taxi auffährt – was sein Privatauto ist.

خستگی و

لودگی

کنید

Warnhinweis an Überlandstraße: „Hüten Sie sich vor den Folgen von Erschöpfung und Schläfrigkeit"

LIE RESPECT LIGHTS. RESPECT CROSSINGS!"

"SOMETIMES RED TRAFFIC LIE NEVER ZEBRA

تودشک

Toudeshk

Toodeshk / Tudashk / Tūdasht / Tudeshg / Tūdeshg / Tūdeshk

3.240 Einwohner

2.079 m Höhe

Tag 7 – 8

Wüste

Hinter den Mauern
Made in Toudeshk
Gold

A home away from home

Durch trockene Landschaft geht es mit dem Bus von Yazd Richtung Esfahan. Neben mir sitzt die andere alleinreisende Touristin dieser Busfahrt, mit der ich schnell die ersten Reiseerfahrungen austausche. Gefühlt im Nichts hält der Bus plötzlich an.

„Toudeshk."

„Here?"

„Yes."

Aha, dann muss ich wohl aussteigen. Irgendwo hier in der Wüste soll es in einem kleinen Dorf ein Homestay geben. Ich bin dort angemeldet – man erwartet mich. Wirklich? Tatsache. Als ich aussteige, lächelt mich Mohammed an. Er setzt seinen Besucher der letzten Tage in den Bus, verabschiedet ihn freundlich und nimmt mich mit.

Mohammed ist 27 Jahre alt. Vor neun Jahren hat er mit „fishing overland cyclists off the highway" angefangen: Hat Reisende, die an seinem Dorf vorbeikamen, angesprochen und ihnen eine Übernachtungsmöglichkeit bei seiner Familie angeboten. Der erste war ein Radfahrer aus Hamburg. Heute hat Mohammed ein kleines Business daraus gemacht, beherbergt regelmäßig Touristen im Haus der Familie seines Bruders.

Er sagt, er habe sich damit seinen größten Traum verwirklicht – die Welt zu sich geholt. Und er philosophiert weiter: über Lebensträume, das unfreie Leben in seinem Land und die Freiheit hinter den eigenen Mauern. Berichtet, dass er seine kleine Freiheit noch vergrößern will: Mit all seinen Ersparnissen hat er im Ort ein altes Haus gekauft, das mehr Platz für Familie und Gäste bietet, das zu seinem neuen „home away from home" werden soll. Wenn er den Umbau realisieren kann. Dafür fehlen ihm noch 4.000 US-Dollar. Aber er hofft, dass er diese bald auftreiben wird.

Zwei Nächte wohne ich in Toudeshk und erhalte einen kleinen Einblick in das traditionelle Leben einer iranischen Familie mit drei kleinen Kindern, das sich hauptsächlich im mit Teppichen ausgelegten Gemeinschaftsraum abspielt. Essen, Arbeiten, Spielen, Schlafen. Der Fernseher ist immer an: Satellite TV. Jeden Abend kommen Nachbarn und Verwandte vorbei. Die Frauen servieren Tee, Gebäck, Zuckerwatte. Die Männer

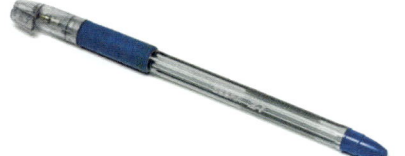

trinken Tee, essen Gebäck, Zuckerwatte. Und unterhalten sich, spielen mit ihren Mobiltelefonen und Computern, inspizieren eingehend mein iPhone. WiFi funktioniert hier problemlos – und ist selbstverständlich für alle Gäste kostenlos.

Made in Toudeshk

Nachmittags streife ich durch den ruhigen Ort: Kaum ein Mensch ist zu sehen. Auf beiden Seiten sind die Straßen von Lehmmauern gesäumt, hinter denen sich wahrscheinlich das eigentliche Leben abspielt – vielleicht die Freiheit, von der Mohammed spricht. Ich treffe zwei Frauen, die mich sehr freundlich begrüßen und sich als Mohammeds Mutter und eine seiner vielen Schwestern vorstellen. Umgehend werde ich zu ihnen nach Hause, hinter ihre Mauern, eingeladen. Und auch hier sitzen wir wieder auf dem mit Teppichen bedeckten Fußboden, trinken Tee mit dicken Zuckerstückchen. Vor uns steht ihr Arbeitsplatz: ein großer Webstuhl, an dem sie in Vollzeit zu zweit in zwei Jahren einen einzigen Teppich knüpfen, wie mir Mohammeds Schwester in sehr gutem Englisch erklärt. Der Vater kommt rein – begrüßt mich herzlich – stellt mir lächelnd seine dritten Zähne vor, mit denen er nicht ganz zufrieden ist. Und erklärt mit einfachen Mitteln und wenigen Worten Englisch seine Sicht der Welt:

Sein Kugelschreiber – „Made in Germany. VERY good."

Meine Kamera – „Made in Japan. VERY good."

Ganz allgemein – „Made in Shanghai. NO good."

Stolz überreicht er mir als Gastgeschenk einen Kugelschreiber aus seiner Sammlung. Woher der stammt? Weiß er nicht. Aber er ist ja ein Souvenir für mich – also einigen wir uns ganz einfach auf: „Made in Toudeshk. VERY good."

Im Gegenzug schenke ich ihm den einzigen Stift, den ich in der Tasche habe. Auch ich habe keine Ahnung, wo der produziert wurde. Aber für ihn ist es ganz klar: „Made in Germany. VERY good." Und so setzt sich unsere fröhliche Unterhaltung aus seinen wenigen Worten Englisch und meinen wenigen Worten Farsi fort. Zum Abschied frage ich, ob ich mit meiner „Made in Japan. VERY good."-Kamera noch ein Familienfoto machen darf. Natürlich. Auch wenn dafür plötzlich alle ganz ernst gucken. Aber die strahlenden Gesichter sind sofort wieder da, als ich ihnen das Foto zeige. Denn das ist eindeutig: „Made in Toudeshk. VERY good!"

Do you have gold?

Am nächsten Abend sehen wir uns im Haus von Mohammeds Bruder wieder. Seine Schwester war mit ihren Eltern in der Stadt: Sie hat sich einen neuen Ring aus Gold gekauft. Aufgeregt zeigt sie ihn den anderen Frauen. Er wird herumgereicht, bestaunt. Eine angeregte Unterhaltung startet. Alle holen ihre goldenen Schmuckstücke hervor, präsentieren sie einander – und gucken schließlich fragend die reiche Touristin aus Europa an:

„Do you have gold?"

„No."

Verdutzte Gesichter. Kein Gold? Dann muss wohl meine alte Armbanduhr sehr wertvoll sein. Sie wird bestaunt.

„How much is it?"

„I don't know, not much. It was a present, 15 years ago ..."

Ebenfalls keine zufriedenstellende Antwort.

Zumal sie auch keinen weiteren Schmuck an mir entdecken können.

Nur Mohammed scheinen meine Antworten nicht zu überraschen.

Und er erklärt mir die allgemeine Verwunderung:

„For women in Iran, gold is very important. And it's not only about men giving gold to their wives. If the women have saved enough money, they go and buy gold themselves. They collect it. They swop it. They talk about it."

In den Städten gibt es ganze Straßen und Bazar-Bereiche voller Goldläden, die hoch frequentiert werden. Denn Gold ist für die Frauen offensichtlich nicht nur Schmuck, sondern auch eine schmückende Geldanlage – die nur ihnen gehört, unabhängig von ihrem Mann.

Gold-Bazar, Shiraz

Umland Toudeshk

Toudeshk

Toudeshk

Haustür, Toudeshk

Eine Woche Iran: Schönheit und Sitte

The nose job

Dass es für Iraner, die sich etwas mehr leisten können, neben Gold noch ganz andere Schönheits-Status-Ideale gibt, bemerke ich in Esfahan: Hier angekommen begegnen mir auffällig viele Menschen mit Pflastern auf der Nase – klares Indiz für eine Nasen-OP. Von einigen ihrer „Besitzer" werden sie stolz wie Fashion-Items getragen, egal ob Frau oder Mann. An dem Gerücht, dass die Schönheitsindustrie im Iran boomt, scheint also tatsächlich etwas dran zu sein. Wobei man munkelt, dass sich manche die Pflaster auch ganz einfach ohne vorherige OP auf die Nase kleben.

Kein Wunder – denn schließlich ist so eine Nasen-OP auch ein Investment: Die Esfahanis Sara und Azadeh berichten, dass eine Nasen-OP ab 1.200 US-Dollar aufwärts kostet. In einem Land, in dem das durchschnittliche Pro-Kopf-Jahreseinkommen momentan auf knapp 13.000 US-Dollar geschätzt wird.

Nicht nur die Nase, auch das Drumherum ist wichtig: Einige Frauen hier sind so perfekt geschminkt, dass sie für meine deutschen Augen fast wie Schaufensterpuppen aussehen. Vielleicht eine natürliche Reaktion, wenn Frau ihr Haar verschleiern und Hijab tragen muss – also theoretisch ihren ganzen Körper außer dem Gesicht zu verhüllen hat.

Teppich-Bazar, Hamadan

Theoretisch. Praktisch bietet sich mir im Iran allerdings ein etwas anderes Bild: Ja, es gibt die Frauen in den langen, undefiniert weiten „Zelten" (persisch: Tschador). Und in der Öffentlichkeit tragen auf jeden Fall alle Frauen lange Oberteile und lange Hosen. Aber: Viele Kleidungsstücke sind durchaus figurbetont. Und sehr modisch. Das dazugehörige Kopftuch wird gerne als Accessoire über aufgetürmter Haarpracht locker um den Hinterkopf geschwungen. Farben und Muster sind bei vielen alles andere als bedeckt. Und auch Nagellack ist gar nicht so selten zu sehen. Die Geschichten von der Sittenpolizei, die „schlecht gekleidete" Frauen auf der Straße rügt oder sogar mit aufs Revier nimmt, um eine Art Unterlassungs-Erklärung zu verlangen und die Eltern über das unsittliche Verhalten ihrer Töchter zu unterrichten, scheinen diese Mädchen und Frauen auf jeden Fall nicht abzuschrecken.

Und hinter den privaten Mauern sieht es bei vielen Familien sowieso ganz anders aus: Kopftuch und Manteau werden nach Betreten des privaten Bereiches meist sofort abgelegt. Zum Vorschein kommen dann oft Jeans und enge, bunte T-Shirts. Selbst religiöse Frauen, die auch zuhause ihr Kopftuch tragen, fordern mich in ihrem eigenen Haus auf: „Take off your scarf! You are not muslim." Und auf dem Bazar gibt es diverse Arten von Haarverlängerungen und freizügigen Glitzerkleidern zu kaufen. Ebenfalls für den privaten Gebrauch. Versteht sich.

LOLIYA

HIGH-SPEED CHANGING
MAGIC LEVERAG
Perm unimaginably

لفافات الكيرلي الأصلي ١٨ لفافة

Drogerie-Bazar, Arak

اصفهان
Esfahan
Esfāhān / Isfahan
1.602.110 Einwohner
1.574 m Höhe

Tag 9 – 11

Flussoase an trockengelegtem Fluss
Bazar, Moscheen, Paläste, Gärten, Brücken

6 Einladungen an einem Tag
2. Heiratsantrag
You live in a cave?

Die Schönheit der Menschen

Esfahan – „die Hälfte der Welt", wie die Stadt von einem persischen Sprichwort beschrieben wird – steckt voller wunderschöner Plätze, Moscheen, Paläste, Gärten und hat einen geschäftigen Bazar. Doch während ich durch diese charmante Stadt voller Sehenswürdigkeiten streife, geht für mich die größte Faszination auch hier wieder von den Menschen aus, die mir begegnen.

Ein Beispiel: Begegnungen an nur einem einzigen Tag in Esfahan. Morgens – lerne ich im Hotel ein Paar aus dem Norden des Landes kennen, das unbedingt sein Frühstück mit mir teilen will. Er ist Environmental Consultant und verwickelt mich sofort in eine Diskussion über erneuerbare Energien: Schließlich seien wir in Deutschland ihnen bei diesem Thema doch weit voraus – was er sehr bewundere, wie denn meine Meinung dazu sei? Nach regem Austausch laden sie mich ein, sie, sobald sie wieder zuhause sind, zu besuchen: „We would be very honoured to have you as our guest." Und als ich aufstehe, fragt der Mann vom Nebentisch noch schnell nach, ob er als Karate-Profi in Deutschland wohl einen Job finden könne.

Vormittags – mache ich mich auf den Weg zu einem Feuertempel, der etwas außerhalb der Stadt liegt. Und zwar zusammen mit einer weiteren Frühstücksbekanntschaft, Julian aus Hamburg. In den öffentlichen Bus steigen wir allerdings getrennt: Männer vorne, Frauen hinten. Als Julian sich nach der richtigen Haltestelle erkundigt, lernt er Mehdi kennen – der sofort seinen Tagesplan umschmeißt, um uns nicht nur den Feuertempel, sondern auch noch die „Schwingenden Minarette" auf dem Weg dahin zu zeigen. Eintritt dürfen wir ab jetzt auf keinen Fall mehr bezahlen – das übernimmt er, auch wenn er es von seiner Regierung absolut unverschämt findet, dass sie Gästen erhöhte Touristenpreise abnimmt. Und obwohl er seine feinen Büroschuhe mit Ledersohle trägt, kraxelt er in aller Ruhe mit uns den staubigen und unbefestigten Weg zu den Ruinen des Feuertempels hoch, bis er sich nach drei Stunden schließlich doch verabschieden und auf den Weg ins Büro machen muss. Davor drückt er uns noch seine Busfahrkarte in die Hand: Damit wir auch wieder problemlos in die Innenstadt kommen.

Pol-e Si-o-Seh – Si-o-Seh-Brücke, über trockengelegtem
Flussbett des Zayandeh, Esfahan

"SO, YOU'RE FROM GERMANY... YOU LIVE IN A CAVE THERE?"

Mittags – wandern wir durch einen Park, wo uns eine Großfamilie freundlich zuwinkt und zu ihrem Picknick einlädt. „Sit down! Sit down!" Sofort werden wir mit Tee versorgt und von der Großmutter mit Gemüse und Reis gefüttert, serviert in aufgerollten Fladenbrotstückchen. Die Familie spricht kaum Englisch und wir können nur mit wenigen Brocken Farsi dienen. Trotzdem entsteht eine Art Unterhaltung, bei der viel gelacht wird.

Nachmittags – besichtigen wir das armenische Viertel mit seinen kleinen Straßen und Marken-Boutiquen, wo wir von zwei Schwestern angesprochen werden, die uns ab dann durch ihren Stadtteil führen und aus dem Leben junger Frauen im Iran berichten: Von Schönheits-OPs und von-außen-nicht-sichtbaren Frauen-Frisören, über Liebeskummer und die Zunahme von Depressionen mit schneller Antidepressiva-Verschreibung, bis hin zur Lage auf dem Arbeitsmarkt. Sie laden uns zum Tee ein und sind ganz überrascht, als wir die Einladung in ihr Haus tatsächlich annehmen. „Are you sure? Normally, tourists are afraid of Iranians ..."

Abends – sind wir von unserer Vormittags-Bekanntschaft Mehdi zum Essen eingeladen. Allerdings erst um 21:30 Uhr, da er vorher noch eine „Wedding Ceremony" zu besuchen hat – was sich als Date mit einer potenziellen Heiratskandidatin herausstellte. So bleibt Zeit, auf dem Weg noch Aziz und seine Familie kennenzulernen: Aziz ist der bestellte Taxifahrer, der uns sofort zu einem Zwischenstopp zu sich nach Hause einlädt, als er hört, dass wir für unsere eigentliche Verabredung immer noch zu früh dran sind – auch wenn es mittlerweile schon 22:30 Uhr ist. Bei Tee und Gurken mit Salz genießen wir lustige und geistreiche Unterhaltungen mit ihm und seinen zwei Söhnen. Und in perfektem Englisch scherzen sie darüber, wie verdreht die Image-Bildung eines Landes doch sein kann: „So, you're from Germany ... That's the small village near the Afghan and Pakistan border, right? You live in a cave there? How is that? By the way, this is electricity. Have you ever seen it?"

Mitternacht – Mehdi holt uns bei Aziz ab, der kein Geld für seine Taxi-Dienste annehmen möchte. Die traditionellen Restaurants, in die Mehdi uns eigentlich führen wollte, sind mittlerweile geschlossen. Nach langer Diskussion und wiederholter Beteuerung, dass wir wirklich auch sehr gerne Fast Food essen, lässt er sich um 00:30 Uhr schließlich auf Pizza und alkoholfreies Bier mit Zitronen-Geschmack ein. Obwohl er das für seine Gäste überhaupt nicht passend findet. Aber unsere Mägen haben ihn endlich überstimmt.

Would you marry my son?

Am nächsten Tag klingelt mein Telefon: „Hello, it's Alireza. Remember me? I'm Aziz's son. And you live in a cave ..." Lachend erkenne ich den ältesten Sohn des Taxifahrers wieder. Er will wissen, wie es mir geht, was ich mache – und ob er mich mal in ein traditionelles Restaurant zum Abendessen ausführen dürfe. Ich lehne dankend ab, da ich heute schon verabredet bin und am nächsten Morgen bereits weiterreise. „Okay, no problem. See you next time. And safe travels!"
Beim frühen Check-out am nächsten Tag treffe ich seinen Vater an der Rezeption.

„Oh, good morning, Aziz! What are you doing here?"

„Well, you know, I'm a taxi driver. I often come here. These people here are my friends and sometimes I take their guests ...
Where are you going?"

„To the bus terminal."

„Shall I give you a ride?"

„Sure. Thank you!"

Wir steigen in sein Taxi, knüpfen an die lustige Unterhaltung von vorgestern an, sprechen über belanglose Themen. Bis er kurz vor Fahrtziel plötzlich eine sehr ernsthafte Frage auspackt:

„I have to ask you a question: Would you marry my son?"

Überrascht gucke ich ihn an.

„Don't worry about it. I only ask for fake marriage. And we pay for it, of course. Good money! He would just really like to continue his studies in Germany, or another country in Europe. But as an Iranian it's almost impossible to get a visa. So, you could be of big help for us."

Ganz schön ehrlich. Und engagiert. Von beiden. Ich komme mir fast unhöflich mit meinen Erklärungen vor, warum ich seinen Sohn nicht heiraten möchte. Auch nicht „fake". Auch nicht für Geld. Auch wenn mir das sehr leid tut. Aziz nickt höflich, fragt kein zweites Mal nach. Zum Abschied drückt er mir lediglich seine Telefonnummer in die Hand: „You know where you can find us. Maybe you have a friend who can help us. We would very much appreciate it. Please just don't forget us."

" I ONLY ASK FOR FAKE MARRIAGE. "

Werbung für Übergrößen-Fachgeschäft, Esfahan

1,5 Wochen Iran: Deutschland

Very like!

„You are from Germany? Very like! Good people! We are Aryan, too!"
Begeisterung schlägt mir als Deutsche im Iran entgegen. Immer wieder. Und oft gekoppelt mit dieser Aussage, die einen Deutschen erstmal aufschrecken lässt: Arier. Das klingt nach Drittem Reich, Hitler, Holocaust. Sollten die Vorurteile gegenüber den angeblich antisemitischen Iranern etwa doch stimmen? Sind die „arischen Iraner" Rassisten?
Eine zu schnelle Schlussfolgerung, wie ich nach kurzem Zuhören feststelle. Ihre „Arier-Begeisterung" ist anders begründet: Sie reden von einer ganz anderen Geschichtsepoche, sprechen von gemeinsamen völkerkundlichen und sprachwissenschaftlichen Wurzeln – „Indogermanen" – und nicht von rassistischen Ideologien des 20. Jahrhunderts. Und dann geht das Gespräch auch schon weiter:

برشکا مشکی کیلوئی ۸۵ تومان
۸۵۰۰   فندق
۸۵۰۰   علی
۸۷۰۰   جیبی
۸۷۰۰   عصر
۸۷۰۰   هپی
۸۵۰۰   پیرکاردین
۸۵۰۰   بره
۸۷۰۰   گل
۸۵۰۰   مخزن صدف
۸۷۰۰   فضول

Verpackungs-Fachgeschäft, Qazvin

Iran-Khodro-Bus, Paveh

Kinowerbung, Rasht

„Germany – very good – Mercedes, BMW, Bosch, AEG, adidas ...!

And your backpack: Deuter! Very good quality!"

Aus welcher Stadt ich noch mal genau komme? Hamburg?

„Oh – Mehdi Mahdavikia!"

Strahlend verkünden sie diesen Namen, von dem ich erst im Iran lerne, dass er zu einem iranischen Fußballer und ehemaligen HSV-Spieler gehört. Und dann werden die vielen weiteren Iraner aufgezählt, die in der Bundesliga spielen. Und natürlich auch die deutschen Fußballprofis, die sie verehren – von Rudi Völler über Jürgen Klinsmann bis hin zu Philipp Lahm. Und überhaupt: Bayern „Munich"!

„How do you say it again?"

„Bayern München."

„Münsche? Münschn..?! Very good!"

Es ist erstaunlich, wie viel die Iraner über unser Land wissen. Denn neben Themen wie Fußball und Musik – Modern Talking! Rammstein! – verstricken sie mich oft auch in ganz andere Diskussionen: Von Goethes Inspiration durch den persischen Dichter Hafez, über die Rolle von Angela Merkel in der europäischen Wirtschaftskrise bis hin zu der Frage „So, how is the situation between East and West Germany two decades after reunification? Do you still have any problems?"

" GOOD PEOPLE !
WE ARE ARYAN,
TOO ! "

1,5 Wochen Iran: Zeitreise

No Ruz

Eine andere Religion – eine andere Zeitrechnung. Eigentlich logisch. Trotzdem habe ich vor dieser Reise nie darüber nachgedacht, dass „vor Christus" und „nach Christus" in einer Islamischen Republik wenig Sinn machen. Und lerne jetzt, dass die Iraner nicht nur einen, sondern gleich zwei mir unbekannte Kalender benutzen:

- ★ Der Islamische Kalender: ein Mondkalender, der mit dem „1. Muharram 1" (16. Juli 622) beginnt, wie unser Kalender 12 Monate hat, dessen Jahr allerdings 11 Tage kürzer ist – und der im Iran vorwiegend für religiöse Zwecke genutzt wird.

- ★ Der Iranische Kalender: ein Sonnenkalender, der genauso viele Tage und Monate wie unser Kalender hat, allerdings mit dem „1. Farvardin" (21. März) beginnt – und der seine Jahreszählung ebenfalls im Jahr 622 startet. Er wird im Alltag und für das „offizielle" Leben genutzt.

Nach dem Iranischen Kalender befinde ich mich seit meiner Ankunft also nicht mehr im März des Jahres 2013, sondern im Esfand des Jahres 1391 (= 2013 – 622). Doch auch das ändert sich demnächst schon wieder, denn der Jahreswechsel steht an – und damit eines der größten Feste des Irans: No Ruz (persisch: Neuer Tag), das persische Neujahrs- und Frühlingsfest.

Was wie eine Zeitreise klingt, fühlt sich im Land ein bisschen wie „Weihnachten im Frühling" an: In Vorbereitung auf das Fest herrscht eine ganz besondere Stimmung, die Innenstädte und Läden sind übervoll, es wird unendlich viel eingekauft. Viele haben frei, die Familien kommen zusammen, das ganze Land scheint zu verreisen ... und es gibt jede Menge zu essen.

Haft Sin, Spiegelmuseum Yazd

Eine ähnliche Rolle wie bei uns Weihnachtsbäume haben die „Haft Sin", die „Sieben S": Sieben Elemente, die alle mit dem Buchstaben „Sin" beginnen und im ganzen Land dekorativ aufgestellt werden. Die Auswahl der „Sieben S" variiert gelegentlich – und auch die zugeschriebenen Bedeutungen. Eine Erklärung ist:

* Sabzeh: „Grünzeug" wie Sprossen – für Munterkeit
* Samanou: Pudding aus Weizen – für Wohltat und Segen
* Sir: Knoblauch – für Schutz
* Senjed: Mehlbeeren – für die Saat des Lebens
* Serkeh: Essig – für Fröhlichkeit
* Somagh: Gewürzsumach – für den Geschmack des Lebens
* Sib: Apfel – für Gesundheit

Oft werden daneben noch die Fotos von verstorbenen oder nicht anwesenden Familienmitgliedern und weitere Symbole – mit oder ohne S – platziert, wie z.B.:

* Sekeh: Münzen – für Wohlstand
* Sonbol: Hyazinthen – für Freundschaft
* Aiineh: Spiegel – für Reinheit und Ehrlichkeit
* Sham: Kerze – für Feuer
* Ketab: Buch (oft der Koran) – für Weisheit
* Tokhm morgh rangi: bemaltes Ei – für Fruchtbarkeit
* Mahi ghermez: Goldfisch im Wasser – für Glücklichsein

Für die islamische Regierung ist No Ruz ein heidnisches Fest. Angeblich haben die Religionshüter tatsächlich auch schon Versuche unternommen, diese Tradition einzuschränken. Was – wenn man sich zu dieser Jahreszeit im Land umschaut – ganz offensichtlich gescheitert ist.

Nur die Feuer, über die man traditionell am „Tschahar Schanbe Suri" springt, dem Vorabend des letzten Mittwochs des scheidenden Jahres, sind tatsächlich weitestgehend verboten. Aber das stört einige Iraner nicht, die kleine, illegale Feuer in der Straße machen. Und auch Touristen herzlich dazu einladen, mit einem Sprung darüber Unglück und Krankheit zu vertreiben.

Mahi ghermez – Goldfische im Straßenverkauf, Yazd

كاشان

Kashan

Kachan / Kāschān / Kāshān

253.509 Einwohner

935 m Höhe

Tag 12 – 15

Oasenstadt in der Wüste
In der Nähe: Abyaneh & Nuclear Plant

7 Frauen im Schlaflager
Sal-e nou mobarak
Rotten Banana

Willkommen im Jahr 1392!

Am Tag des Jahreswechsels – dem 20. März 2013 unserer Zeitrechnung – mache ich mich früh morgens auf die Reise nach Kashan: Eine iranische Großfamilie hat mich eingeladen, No Ruz mit ihnen zu feiern. „Take the early bus, please. We would like to share all the traditions with you. And the main celebration will already start at 2 p.m.. So please, be here in time."

Pünktlich um 8 Uhr sitze ich im Bus nach Kashan. Freudig werde ich von Sanaz, ihrem Bruder Nima und ihrer Cousine Zahra am Busbahnhof empfangen. Eine kurze Begrüßung der Eltern in ihrem Haus. Dann geht es gemeinsam weiter zur Großmutter, wo sich bereits drei Onkel, zwei Tanten, ein Cousin und eine weitere Cousine eingefunden haben.

Geschäftig werden die letzten Vorbereitungen getroffen. Je näher wir dem Jahreswechsel kommen, desto ruhiger wird es allerdings: Einige Familienmitglieder schnappen sich den Koran, lesen still darin. Andere unterhalten sich ruhig. Nebenbei läuft der Countdown im Fernsehen. Bis um Punkt 14:31 Uhr schließlich der große Neujahrs-Jubel ausbricht: „Sal-e nou mobarak!" – „Happy New Year!" – „Ein frohes neues Jahr!" Mitten am Tag.

Alle gratulieren sich. Wie selbstverständlich werde auch ich in die Neujahrs-Glückwünsche integriert, erhalte sogar „eidi" – Geldgeschenke, die die Älteren den Jüngeren zum neuen Jahr überreichen. Der Neujahrsansprache von Staatsoberhaupt Ali Chamenei im Fernsehen wird nicht besonders viel Aufmerksamkeit geschenkt. Stattdessen finde ich mich inmitten fröhlicher Unterhaltungen, an einer langen Plastikdecken-Tafel auf dem Fußboden, zum traditionellen Neujahrsessen wieder: Sabzi Polo Mahi, Reis mit grünen Kräutern und Fisch. Das größte Stück Tahdig – der knusprige Boden des Reises – landet auf meinem Teller.

Und ab jetzt gehöre ich für sie zur Familie – bin ihre „dokhtar almani", ihre „deutsche Tochter". Zu jedem Neujahrsbesuch bei Freunden und Verwandten werde ich in den nächsten Tagen mitgenommen. Wie selbstverständlich erhalte ich im Haus von Sanaz' Eltern abends meinen Schlafplatz im großen Matratzenlager auf dem Teppich im Wohnzimmer:

Eingang zum Bazar am Abend, Kashan

"ARE YOU A ROTTEN BANANA?"

Das teilen sich die Frauen der Familie, die Männer nächtigen in den zwei Schlafzimmern. Selbst die Großmutter, die im gleichen Ort wohnt, bleibt über Nacht, um so viel Zeit wie möglich mit der versammelten Familie zu verbringen. Und ihre jüngste Enkelin – Tara, fünf Jahre alt – ist ebenfalls nicht dazu zu bewegen, abends mit ihren Eltern in das nur zehn Minuten entfernte Zuhause zurückzukehren. Spät in der Nacht gehen wir sieben Frauen also generationsübergreifend zu Bett – und wachen am nächsten Morgen in aller Ruhe wieder auf. Die Männer betreten das Wohnzimmer erst, sobald wir bereit sind. Schnell sind die Matratzen wieder im Schrank verstaut, um für das große Familienfrühstück Platz zu machen.

Auch am Tag verbringen wir viel gemeinsame Zeit im Wohnzimmer: Der Fernseher läuft – Spielfilme, Soaps, Casting Shows – einige lesen, kochen, schlafen. Manchmal steht ein Familienmitglied auf, um inmitten des lebhaften Gewusels zu beten.

Die Familie ist so religiös, dass nicht alle männlichen Familienmitglieder mir als Frau die Hand geben – „I'm sorry, I can't. Because of my religion." – oder dies nur ausnahmsweise einmal, aufgrund ihres großen Respekts vor einem ausländischen Gast, tun. Die Frauen tragen bei Anwesenheit eines Schwagers oder Cousins selbst im Haus ihr Kopftuch. Nur vor Vater, Bruder oder Ehemann nehmen sie es ab. Allerdings soll ich doch – bitte! unbedingt! – mein Kopftuch jederzeit ablegen. Denn schließlich bin ich ja nicht muslimisch – und so ein Kopftuch ist doch ziemlich warm.

Überhaupt halten sie nicht viel von Hijab als Vorschrift: Das solle doch jeder selbst entscheiden können. Ein öffentliches Plakat der Regierung, das „schlecht gekleidete" Frauen mit faulen Bananen vergleicht, sorgt bei ihnen nicht nur für ungläubiges Kopfschütteln, sondern auch für großes Gelächter – und den Running Gag der nächsten Tage: „Are you a rotten banana?"

Wir reden über Religion, Kultur, Medien. Vergleichen das Leben der Iraner – für die ihrer Ansicht nach gilt: „They only live for the moment and don't have enough plan." – mit dem Leben der Deutschen – für die meiner Ansicht nach gilt: „They always plan too much and miss the moment." Wir diskutieren über die Sozialsysteme der beiden Länder und über Politik, wobei sich die Familienmitglieder in einem Punkt sehr einig

sind: „Our government has done a lot of things that have not been good for our country. We need a change, and it will come. But it needs time. And we want to do it ourselves. We do not want any foreign power to come here and ‚help‘ by taking over."

Sie schaffen eine Atmosphäre, in der ich mich nach kurzer Zeit schon fast wie ein Teil der Familie fühle. Nur eines darf ich auf gar keinen Fall tun: irgendwie mit anpacken oder gar in der Küche helfen. „No, no, no – you are our guest. You sit down. Relax. Do you need anything?"

Stattdessen werden mir Tee, Kekse, Obst und Nüsse gereicht. Nima, der begeisterter Landschaftsfotograf ist, führt mich digital durch sein Land, gibt mir Tipps für meine weitere Reise. Sanaz zeigt mir ihr einstündiges Hochzeitsvideo – in dem ich die natürliche junge Frau, die hier neben mir sitzt, hinter den vielen weißen Rüschen und dem perfekten Make-up kaum wiedererkenne. Sie schwärmt noch heute: „I really miss this dress! I should have bought not rented it. But that was too expensive." Manchmal nimmt auch der Vater neben mir Platz, stellt mir mit seinen wenigen Worten Englisch ein paar Fragen. Und oft übersetzt Sanaz ihre Erkenntnisse aus unseren Unterhaltungen für die ganze Familie.

An Tag 2 gestattet mir die Mutter ausnahmsweise dann doch, einmal die Küche zu betreten: Gemeinsam verzieren wir einen Geburtstagskuchen für Cousine Zahra – und ich darf sogar einen zweiten backen, nach traditionellem Apfelkuchenrezept meiner deutschen Familie. Zahra wird 16. Abends ist sie stundenlang verschwunden, um sich für ihre Geburtstagsfeier zu stylen. Sanaz hilft ihr dabei. Gegen 23 Uhr steigt dann endlich die Party. Die Gesellschaft: der gleiche große Familienkreis – plus zwei Geburtstagskuchen. Das Programm: eine Stunde Foto-Session in wechselnder Besetzung, danach Tanz und Gesang im Wohnzimmer.

Neben dem Familienprogramm werden mir in diesen Tagen auch noch die Sehenswürdigkeiten der Region gezeigt: Kashan mit seinem Weltkulturerbe-Garten, Bazar und traditionellen Kaufmannshäusern. Das benachbarte Dörfchen Abyaneh, das aufgrund seiner Häuserfarbe als „Rotes Dorf" bekannt ist und dessen Bewohner auch heute noch ihre alte, farbenfrohe Tracht tragen. Und nicht zu vergessen: die Nuclear Plant auf dem Weg dahin – die eigentlich kaum zu sehen ist, aber begleitet

" WE ARE TERRORISTS ! "

von vielen „We are terrorists!"-Witzen durchaus zu einem Highlight wird.
No Ruz mit einer iranischen Großfamilie: ein großartiger Start in ein
neues Jahr. Der Abschied fällt schwer. Zur Erinnerung an die gemeinsame Zeit will Sanaz mir ein Armband schenken. Und Nima hat einen Bild-
band vom Iran besorgt – damit ich mich auch ohne seinen Computer
weiter umgucken kann, wohin ich reisen möchte. Dass ich nach so viel
Gastfreundschaft auch noch Gastgeschenke erhalten soll, erscheint mir
wie „verkehrte Welt". Aber: keine Diskussion. „We are so happy we could
have you as our guest. Thank you so very much for coming and spending
some time with us. It has been wonderful – we really appreciate it."
Damit meine Reise auch gut weitergeht, haben sie bereits alle Hebel in
Bewegung gesetzt, um an meiner nächsten Station Teheran einen Freund
als Gastgeber zu gewinnen. Zufällig muss ein Onkel ebenfalls in die
Hauptstadt – zur Nachkontrolle seiner Nasen-OP, so dass er und sein
Bruder mich im Auto mitnehmen.
Dass wir statt wie geplant um 13:30 Uhr um 15 Uhr starten – der Nasen-
OP-Onkel braucht einfach zu lange im Bad – bringt keinen aus der
Ruhe: „You know, it feels like the right time, anyway: We just changed the
clock for one hour on No Ruz eve." Und als es dann endlich losgeht,
steigt Sanaz ganz spontan mit ein: damit mir auf der Fahrt nicht langwei-
lig wird. Auch wenn es für sie bedeutet, dass sie an diesem Tag sechs
Stunden hin und her fahren wird. Aber zumindest bis zur Übergabe an
meinen nächsten Gastgeber möchte sie mich noch begleiten.

Puppen in traditioneller Tracht, Souvenirshop Abyaneh

2 Wochen Iran: Entertainment-Media

Illegal? Ganz egal.

Nach zwei Wochen im Iran habe ich gelernt, dass viele vergnügliche Dinge hier offiziell verboten sind: nicht nur Alkohol, sondern auch Musik mit Frauengesang, „westliche" Musik, Satellite TV, viele internationale Medien und soziale Netzwerke wie Facebook – ganz zu schweigen von regimekritischen Medienproduktionen jeglicher Art, egal ob Bücher, Filme, Zeitungen, Zeitschriften oder Websites.

Ausgewählte Hollywood-Filme werden gelegentlich im staatlichen Fernsehen gezeigt, teilweise aber auf interessante Weise zensiert: Weibliche Charaktere erhalten eine züchtigere Bekleidung oder ganz einfach einen Blumentopf vor ihrem zu freizügigen Dekolleté. Und wenn es die Moral erfordert, wird auch gerne mal die Geschichte angepasst: In der iranischen Version von „Troja" ist Helena dann eben keine begehrte und von Verehrern umkämpfte Frau mehr, sondern eine gestohlene Schwester.

Umso interessanter ist es zu sehen, dass diese Verbote hier scheinbar kaum einen interessieren: „Do you have a facebook ID?" ist eine gängige Frage, wenn ich mit Menschen ins Gespräch komme. Die Online-Blockade umgehen sie einfach mit immer wieder neu installierten VPN-Clients. Zuhause und im Auto hören alle die Musik, auf die sie Lust haben. Selbst im öffentlichen Bus schallt gelegentlich aus den Kopfhörern meiner verschleierten Sitznachbarinnen Musik, die sehr nach westlichem Techno oder Pop und sehr wenig nach offiziell genehmigten Songs klingt. Und Satelliten-Schüsseln sind überall zu sehen: der Zugang zur internationalen Medienwelt.

Offensichtlich gibt es außerhalb des Irans auch eine große TV-Industrie, die persische Fernsehsender betreibt, internationale Filme und Serien auf Farsi synchronisiert sowie eigene Shows und Formate produziert: Die türkische TV-Soap „Muhteşem Yüzyıl" (Magnificent Century) über den osmanischen Sultan Süleyman den Prächtigen und seinen Harem ist täglich in fast jedem Wohnzimmer auf Farsi zu sehen. Und gemeinsam mit meinen Gastgebern fiebere ich beim Finale von „Googoosh Music Academy" mit, der iranischen Version von „Deutschland sucht den Superstar", deren Namensgeber und Jury-Vorsitzende die beliebte iranische Exil-Sängerin und Schauspielerin Googoosh ist. Produziert und ausgestrahlt wird die Show von einem Sender aus London. Zum Superstar wählen die Zuschauer in diesem Jahr die 31-jährige Ermia: eine verheiratete Frau aus dem Iran, die in der Öffentlichkeit singt. Die mittlerweile angeblich in Deutschland lebt, aber – ganz im Gegensatz zu ihren Konkurrentinnen – immernoch Hijab trägt.

Alte Filmplakate im Kino, Rasht

Aktuelle Filmplakate im Kino, Rasht

„Everything the government bans, the people use it even more", kommentiert einer meiner Gastgeber lächelnd die Mediennutzung im Iran. Und weiter: „The most corrupt is the police. So what do you expect from the people?" Vielleicht sind es mittlerweile einfach zu viele Menschen, die die Verbote ignorieren – so dass der Regierung fast nichts anderes übrig bleibt, als dieses Massenphänomen zu akzeptieren bzw. zu ignorieren.

Was illegal ist, kann natürlich auch nur illegal heruntergeladen, verkauft und konsumiert werden. Keine Chance für Copyright. Den diesjährigen Oscar-Preisträger „Argo" über die Befreiung von sechs US-amerikanischen Botschaftsangehörigen, die 1979 in Teheran der Geiselnahme in der amerikanischen Botschaft durch iranische Revolutionäre entkommen konnten, gucke ich im Wohnzimmer von Sanaz und Mohammad: eine schwarz gebrannte, weitergereichte DVD – in englischer Sprache mit chinesischen Untertiteln.

Legale Filme gibt es dafür ganz offiziell in den vielen Kinos im Land zu sehen: eine beliebte Freizeiteinrichtung, besonders für „boy- & girlfriends" zum kurzzeitigen Treffen im Dunkeln – wobei natürlich auch hier sehr auf sittliches Verhalten geachtet wird. Die gezeigten Filme sind selbstverständlich ausschließlich nach dem Geschmack der Regierung. Gemeinsam mit einem meiner Gastgeber gucke ich eine aktuelle Komödie über einen äußerst sympathischen Mullah, der nicht nur seine Nächte damit verbringt, die Armen zu speisen, sondern neben der ganzen Arbeit auch noch eine junge, vom moralischen Weg abgekommene Frau bekehrt. Selbst ohne große Farsi-Kenntnisse kann ich der Geschichte gut folgen, die Gastgeber Ali mit einem neuen Satz für mein Farsi-Repertoire kommentiert: „Mullah khaili khar e." – „Der Mullah ist ein großer Esel."

"DER MUL IST EIN GROSSER

تهران

Teheran

Tehran / Tehrān

15.000.000 Einwohner

1.184 m Höhe

Tag 16 – 19

Hauptstadt
In Sichtweite: Damavand, 5.671 m

Großstadtdschungel & Bergwandern
Politik & Polizei
No jobs
Thank god

Eine Hauptstadt im Ferienmodus

„Emruz, hawa-y-e Tehran khaili kassife." – „Die Luft von Teheran ist heute sehr dreckig."

Ein Satz, den ich schon in meinen wenigen Stunden Farsi-Unterricht in Deutschland gelernt habe. Mittlerweile habe ich auch verstanden, warum: Diverse Menschen haben mich vor dem absoluten Verkehrschaos und dem damit verbundenen Smog in Teheran gewarnt.

Doch offensichtlich macht auch die Hauptstadt „No-Ruz-Ferien": Viele Teheraner sind verreist, einige Geschäfte geschlossen, das urbane Chaos und der Smog halten sich in Grenzen. Zudem führen mich meine Teheraner Gastgeber so gezielt durch den Großstadtdschungel, dass ich seine vielen schönen Gesichter kennenlerne: von Palästen zu Moscheen, von schicken Cafés zu traditionellen Teehäusern, von modernen Kunstgalerien zu historischen Museen, vom alten Bazar zu neuen Shopping-Malls, von historischen Gebäuden zu Hightech-Architektur, von Stadtautobahnen zum Wandern in die nahegelegenen Berge.

Ich lerne „30th Tir Street" kennen: die angeblich einzige Straße der Welt, auf der sich eine Moschee, eine Kirche, ein Feuertempel und eine Synagoge in unmittelbarer Nähe zueinander befinden. Friedlich. In den Bergen im Nordosten Teherans entdecke ich, dass Wandern unter Teheranis nicht nur wegen der sportlichen Betätigung an der frischen Luft ein beliebter Volkssport ist, sondern auch noch ganz andere Motive haben kann: Fernab von städtischer Aufsicht und Sittenpolizei kann man sich dabei hervorragend mit Vertretern des anderen Geschlechts treffen, gemeinsam picknicken, rauchen, flirten.

Alborz-Gebirge bei Teheran

Wobei meine neuen Teheraner Freunde gelegentlich sogar mitten in der Stadt, auf offener Straße, Händchen halten – selbst wenn sie dies vor den Augen traditionellerer Familienmitglieder aus Respekt nie tun würden. Besonders beeindruckt bin ich bei dem ganzen Sightseeing-Programm von dem Wissen meiner Gastgeber: Egal, was wir besuchen, sie erklären mir die Hintergründe dazu. Historie, überlieferte Erzählungen, kulturelle Besonderheiten. Welcher Mittzwanziger dies wohl so aus dem Stegreif in Deutschland machen könnte …? Ich müsste mir auf jeden Fall noch einiges anlesen, um ihnen meine Stadt zu zeigen.

Die jungen Hauptstädter

Neben dem ganzen Sightseeing erfahre ich viel aus dem aktuellen Leben der jungen Hauptstädter. Die Frage „What is your job?" beantworten die meisten von ihnen mit „I don't have a job." Und gehen dann doch zur Arbeit: als Buchhalter in der Firma der Eltern, Kassierer im Restaurant, Wochenend-Bergführer. Trotzdem beharren sie darauf: „I don't have a job." Denn diese Arbeiten seien nur Beschäftigungen, mit denen sie sich über Wasser halten. Jobs, die ihrem Studienabschluss entsprechen, haben sie nicht. Und die sind aufgrund der schlechten wirtschaftlichen Lage gerade auch kaum zu finden. Egal, wie gut ihre Noten sind. Egal, wie sehr sie sich anstrengen.

Lebhaft berichten sie mir von der Situation vor vier Jahren, als sich im Land plötzlich alles nach Aufbruch anfühlte: von der „Green Revolution". Von ihren hoffnungsvollen Studentenprotesten in den Straßen Teherans. Und deren erdrückendem Ende: von Festnahmen um sie herum. Von dem gewalttätigen Eingreifen der Sicherheitskräfte. Vom Hausarrest der politischen Anführer. Von Bloggern und Oppositionellen, die inhaftiert wurden – und von denen einige hingerichtet wurden oder spurlos verschwunden sind.

" IF YOU SEE THE POLICE, RUN ! "

Step by Step

„If you see the police, run!" Scherzend wird dieser Satz ausgesprochen. Und doch ist er sehr ernst gemeint. Denn das System der verschiedenen Arten von Polizei scheint sehr ausgeklügelt zu sein: Sicherheit, Sitte, Verkehr, Geheimdienste. Als Freund und Helfer wird offensichtlich kaum eine von ihnen wahrgenommen, wie die 27-jährige Maryam anmerkt: „In other countries, parents are happy to hear if the police takes care of their children who don't come home at night. In Iran, the parents are afraid that the police might have taken their children if they don't come home at night."

Vier Jahre nach der „Green Revolution" stehen in wenigen Wochen jetzt wieder Präsidentschaftswahlen an. Der aktuelle Präsident Ahmadinejad darf nicht für eine weitere Amtszeit kandidieren. Die neuen Kandidaten sind noch nicht bekannt. Ob sie wählen gehen?

„I don't know." – „Maybe." – „Probably not."

Wenig Interesse, obwohl sie politisch alle so informiert sind, klare Meinungen haben. Aber: „In Iran, the election is already decided before it has even started. So why should I vote? It doesn't count anyway."

Viele wollen das politische System mit ihrer Stimmabgabe erst gar nicht unterstützen. Denn auch wenn die Wahl des Präsidenten wie ein demokratischer Akt aussieht, krankt sie bereits im Vorfeld: Es gibt kein demokratisches Parteiensystem. Stattdessen sucht der Wächterrat die wenigen Präsidentschaftskandidaten aus, die von den vielen Bewerbern zur Wahl antreten dürfen. Und vielleicht wird die Wahl dann auch noch von der Regierung manipuliert. Man weiß es nicht genau. Außerdem liege die eigentliche Macht sowieso bei Chamenei – dem religiösen und politischen Führer, dem Oberbefehlshaber der Streitkräfte, dem Staatsoberhaupt. Und der wurde ganz bestimmt nicht demokratisch gewählt.

Es fühlt sich an wie eine Mischung aus Resignation und Protest, die bei diesem Thema aufkommt. Kein Wandel in Sicht? Nicht wirklich. Zumindest kein schneller. Aber vielleicht ein langsamer. Der Teherani Reza zumindest glaubt mit seinen 27 Jahren fest daran: „The change will come. It just takes some time – maybe 10, 20, or even 30 years. But it is better if

Burj-e azadi – Azadi Tower – Freiheitsturm

it evolves step by step. Otherwise, we have another revolution that leads to another extreme system. And we don't need that. So, we better do it step by step."

Bazar in den No-Ruz-Ferien, Teheran

Er hat beschlossen, trotz des politischen Systems an der Wahl teilzunehmen. Um zumindest für das geringere Übel – den reformorientiertesten aller Kandidaten – zu stimmen. Step by step.

Which god?

Sein älterer Cousin Mehdi belächelt diesen jugendlichen Idealismus. Er ist gerade sehr desillusioniert von der Situation im Iran: Als selbstständiger Geschäftsmann, der seit Jahren handelt und Arbeitsplätze schafft, würden ihm immer mehr die Hände gebunden. Durch Einschränkungen und Gesetze der iranischen Regierung, plus internationale Sanktionen. An einen Wandel glaubt er nicht. Insbesondere nicht, solange die Religion noch im Staat mitmischt: „Don't get me wrong: I do believe in God. But what kind of God is it to whom you can hand over all the responsibility for your own life?"

So würde es im Iran doch laufen: Die Menschen sollten ständig und für alles Gott danken. „Thank God for … everything!" Auch für die Situation, wie sie gerade ist. Auch wenn sie so nicht gut ist. Aber am besten ohne sie zu hinterfragen. Und leider funktioniere das so für viele – denn „Thank God!" sei ja auch ganz praktisch: Damit könne man ganz einfach das eigene Denken und Handeln abgeben. Müsse nicht selbst Verantwortung übernehmen, nicht selbst die Initiative ergreifen, nicht selbst etwas bewegen. Ständig und überall „Thank God …!" – er könne es echt nicht mehr hören.

Jetzt ist es an Reza, sich über seinen großen Cousin zu amüsieren. „Thank God …!" – das will er auch mal ausprobieren. Ab jetzt wird immer dem gerade passenden Gott gedankt: „Thank God of food! of weather! of cars! of tourists! of guides! of Iran! of world!"

Die Danksagungsmöglichkeiten sind vielfältigst. Für ihn als Atheist: zusätzlich zum eigenen Denken und Handeln. Kann ja nicht schaden. Und den Glauben an einen Wandel in seinem Land behält er trotz allem: „Please come back soon! And I hope, by that time you will not have to wear a scarf any more", lädt er mich zum Abschied ein. Passend dazu schenkt mir seine Mutter ein T-Shirt: pink, eng, kurz, mit Glitzersteinen. Momentan im Iran definitiv noch „for private use only."

Burj-e azadi – Azadi Tower, Teheran

Blick aus dem Azadi Tower, Teheran

خوزستان

Khuzestan

Chusistan / Chuzestan

Provinzhauptstadt Ahvaz: 1.000.000 Einwohner

Provinzhauptstadt Ahvaz: 20 m Höhe

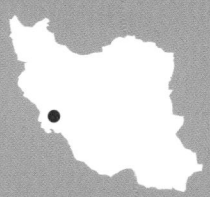

Tag 20 – 24

Wüstenähnliche Steppe
Grünes Flussgebiet: Karun River

16 Reisende in 4 Autos
Choqa Zanbil, Shush, Shushtar
Picknick & Lagerfeuer

Travelling the Iranian way

Drei Dinge scheinen in jeden iranischen Haushalt zu gehören: eine Pick-nickdecke, ein Camping-Wasserkocher und ein Zelt. Zumindest sind überall im Land picknickende und zeltende Menschen zu sehen: in freier Natur, an World Heritage Sites, auf Grünstreifen, in öffentlichen Parks. Meist haben sie Berge von Essen dabei. Und natürlich Tee.

„In Germany, it's not possible like that."

„Really? Why?"

Weil man in Deutschland nicht so einfach überall picknicken darf. Und erst recht nicht campen. Für Iraner kaum vorstellbar – insbesondere nicht, wenn ich von einem Land berichte, in dem doch eigentlich Freiheit herrscht.

Insgesamt scheinen die Iraner sehr spontan zu sein, was das „Einpacken & Losfahren" im eigenen Land angeht. „Do you want to come with us?" – Meine Teheraner Gastgeber überlegen, für ein paar Tage in den Südwesten des Landes zu fahren. Wahrscheinlich übermorgen. Wenn sie genügend Autos zusammenbekommen. Und ich bin natürlich herzlich eingeladen. Ob ich mitkommen möchte? Klar! Eine Reise in der Reise. Warum nicht.

Und so sitze ich 36 Stunden später in einem von vier Autos und fahre mit 15 Iranern für vier Tage mal eben fast 900 km in den Südwesten des Landes: von Teheran über Arak nach Ahvaz – in die Provinz Khuzestan, nordöstlich des Persischen Golfes. Nach und nach wandelt sich die Landschaft: Es wird trockener, heißer, alles erscheint ein bisschen arabischer. Nicht nur für mich ein neues Bild – auch die Teheraner stellen fest: „To us, this is strange as well. It looks very different."

Ein spannender Wechsel von Landschaft und Menschen. Nur das Hijab-Outfit würde ich gerne sofort ablegen: Kopftuch und lange Jacke sind in dieser Gegend für meinen Geschmack definitiv zu warm. Auch wenn viele Frauen hier sogar schwarze Tschadors tragen.

Auf dem Weg besichtigen wir historische Orte mit so fantastischen Namen wie Shush – Palace of Darius, Chateau de Morgan – Shushtar und Chogha Zanbil. Und wieder bin ich zutiefst beeindruckt von dem

Khuzestan

Sat-e aftab –
Sonnenuhr

Xasxas – Mohn
Geschenk von Xasxas

Wissen meiner Mitreisenden über ihre eigene Historie und Kultur, das sie sehr engagiert mit mir teilen: Alireza, der eigentlich Physik unterrichtet, erweckt jeden historischen Ort mit lebhaften Erzählungen zum Leben. Mohammed zeigt uns beim Picknick „sat-e aftab": eine Pflanze, die sich beim Trocknen wie eine Sonnenuhr dreht. Und Mohammed II entdeckt ständig neue lokale Spezialitäten und Früchte, die wir, begleitet von seinen Erklärungen, probieren müssen. Als ich meine Bewunderung über ihr Wissen zum Ausdruck bringe, ernte ich nur Schulterzucken: „You know, there is not that much we can do in this country. So, we love to read – we love to study!"

Unsere Reisegruppe setzt sich aus ziemlich unterschiedlichen Menschen zusammen: Freunde von Freunden, die hier über verschiedene Wege zusammengefunden haben. Auch Xasxas, die behinderte Schwester von Amir, und die Eltern von zwei Freunden sind mitgereist. Für meinen deutschen Blick eine ungewohnte Mischung der Generationen – die aber wie selbstverständlich funktioniert: Das gemeinsame Schlaflager verteilt sich über vier Räume einer freien Wohnung in Ahvaz, die uns die Verwandte einer Mitreisenden kostenlos zur Verfügung gestellt hat. Alle packen mit an, kaufen ein, kochen gemeinsam, räumen auf – kümmern sich um das Wohlbefinden von allen. Wenn drei von 16 Personen den spontanen Wunsch haben, mitten in der Nacht aus dem Auto auszusteigen und zu Fuß das letzte Stück bis zur Unterkunft zurückzulegen, macht die Mehrheit es für sie möglich.

Und obwohl unsere Reisegruppe so groß ist, werden viele Dinge ganz spontan entschieden: das Frühstückspicknick auf einer Verkehrsinsel, das ausgiebige Genießen des Sonnenuntergangs bei Chogha Zanbil begleitet von persischen Liedern, das mitternächtliche Falafel-Essen an der Hauptstraße von Shushtar – nachdem wir hier trotz längst verpasster Öffnungszeiten noch eine uralte Wassermühle besichtigen durften. Und als wir nach viel Staub und Trockenheit an Tag 3 über eine kurvige Bergstraße plötzlich in der wundervoll grünen Natur des Karun Rivers ankommen, werden schließlich sämtliche Pläne über Bord geworfen: Laut jubelnd, mit aufgedrehten Autoradios wird die Fahrt bis zum besten Aussichtspunkt zelebriert. Kurzstopp & Heimreise? Nicht mehr aktuell.

" THERE IS NOT
MUCH WE CAN DO
IN THIS COUNTRY. "

Hier ist es einfach zu schön, um schnell wieder abzureisen!
Stattdessen wird erstmal Picknick gemacht, die Natur genossen – und bis
spät in die Nacht werden am Lagerfeuer traditionelle persische Lieder
gesungen. Die Heimreise kann man schließlich auch noch gegen Mitternacht antreten. Dann einfach so weit fahren, bis die Fahrer müde sind.
Und schließlich die vier Autos in Kolonne in irgendeiner Stadt am
Straßenrand parken, um zumindest ein
bisschen Schlaf zu bekommen.

„No problem!" In Teheran kommen wir
schon früh genug wieder an. Ganz einfach: 24 Stunden später.

Zum Abschied schenkt Reza mir eine
CD mit traditioneller persischer Musik:
zur Erinnerung an die spontane Nacht
am Lagerfeuer. Seine Freundin Saba
überreicht mir die CD eines aktuellen
persischen Komponisten: zur Erinnerung an die lustigen, gemeinsamen Auto-
fahrten. Ein Duo, das mich auch zuhause
noch an die moderne Weltoffenheit und
das gleichzeitige Traditionsbewusstsein
meiner iranischen Reisegruppe erin-
nern wird.

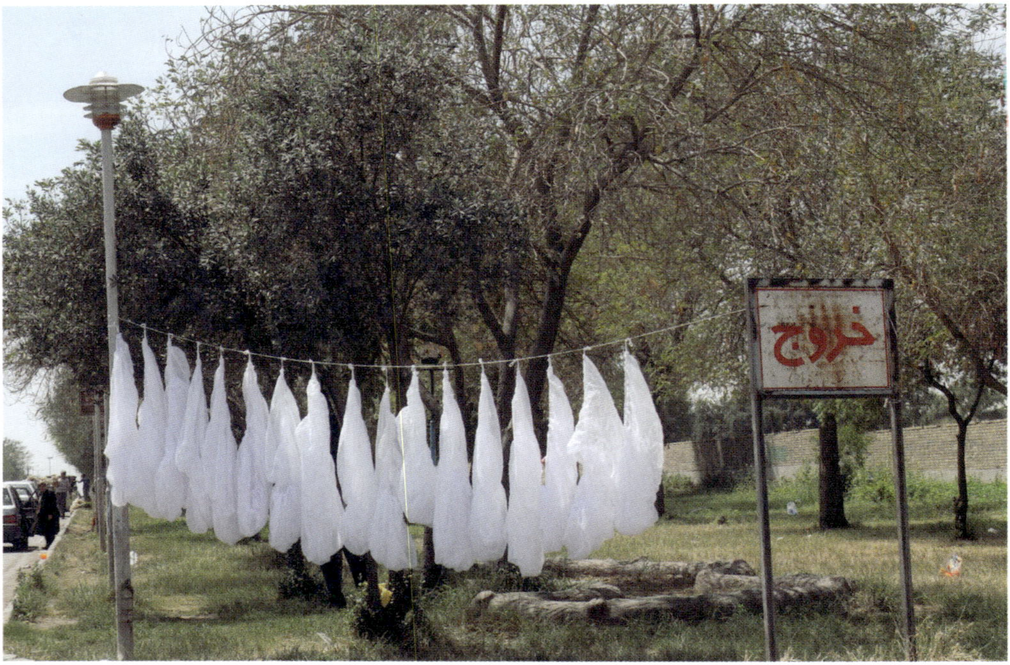
خروج

کمربندایمنی
رابیندید

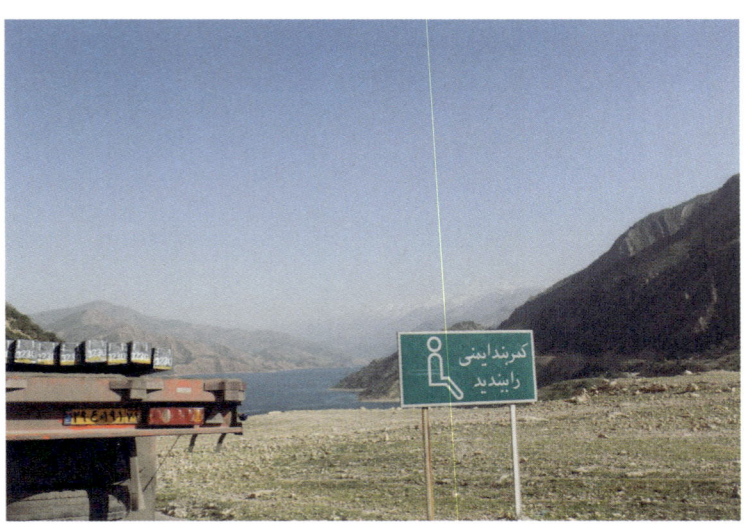

Khuzestan

Auf dem Weg nach Khuzestan

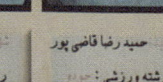
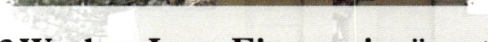

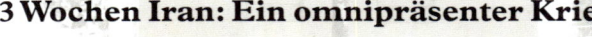

3 Wochen Iran: Ein omnipräsenter Krieg

Märtyrer und Militärdienst

Khuzestan ist ehemaliges Kriegsgebiet des Iran-Irak-Krieges. Auch wenn ich hier davon nichts mehr gesehen habe, ist dieser Krieg doch im ganzen Land immer noch sehr präsent: In vielen Städten sind „Märtyrer" plakatiert, wie die Gefallenen des Krieges genannt werden. Einige von ihnen werden mit besonderen Grabstätten geehrt. Und auch in vielen Familien hängt das Foto eines Sohnes, Ehemanns, Bruders ... der im Krieg gefallen ist.

Ich treffe Männer, die 30 Jahre beim Militär waren – und davon acht Jahre in dem Krieg gekämpft haben. Heute sind die Beziehungen zum Irak angeblich normal. Aber es gibt ja ausreichend andere Fronten, an denen – zumindest politisch – gekämpft wird, so dass die Streitkräfte von der Regierung weiterhin ausgebaut werden: Bis auf wenige Ausnahmen müssen alle iranischen Männer Militärdienst leisten. Meist zwei Jahre, entweder direkt nach der Schule oder nach dem Studium.

Ein Dienst, den nicht alle Iraner als sinnvoll erachten und der nicht wirklich für jeden militärisch ausfällt: Zu den Aufgaben beim Militär gehören mittlerweile auch solche Jobs wie der Ticketverkauf an Sehenswürdigkeiten oder die Wache an den Ruinen alter Bergfestungen. Und in der Nebensaison werden die Tage an solchen Stationen dann auch schon mal mit Kartenspielen verbracht – aber: „No picture, please!" Militärische Einrichtungen dürfen nicht fotografiert werden. Und Glücksspiel ist im Iran eigentlich verboten.

Gedenken an Märtyrer, Shiraz

Yazd

Quri Qaleh Cave

Teheran

Alamut Valley

Toudeshk

Kashan

Masuleh

Paveh

Legales Bier zu Falafel, Kermanshah

3 Wochen Iran: Alkoholfrei

Bier-Brause

Ich habe Familienfeste mitgefeiert und nächtelange mit Iranern an Lager-feuern gesessen. Erst im Nachhinein fällt mir auf, dass dies bei uns klas-sische „Alkohol-Situationen" gewesen wären. Hier nicht, weil verboten. Allerdings wurde stattdessen fast immer alkoholfreies Bier serviert. Denn offensichtlich tut die iranische Industrie alles, um die Iraner das Alkohol-verbot zumindest bezogen auf Bier vergessen zu lassen.

Alkoholfreies Bier gibt es überall, in diversen Darreichungsformen: Dosen, kleine 0,33-Liter-Flaschen, mittlere 0,5-Liter-Flaschen, große 1-Liter-Flaschen. Und in allen nur erdenklichen Geschmacksrichtungen: Malz, Zitrone, Apfel, Erdbeere, Granatapfel, Pfirsich, Mango, Ananas, Multifrucht ... Laut Label – das sich wirklich sehr bemüht, wie ein Bier auszusehen – sind diese Getränke tatsächlich gebraut und tragen gele-gentlich auch Markennamen wie „Bit" oder „Hoffenberg". Geschmack-lich hat das süß-fruchtige Gebräu aber nur wenig mit unserem Bier-verständnis zu tun.

Echtes Bier mit echtem Alkohol ist im Iran allerdings dann doch erhält-lich – illegal, wenn man die richtigen Leute kennt: Glaubt man den Er-zählungen, bedeutet Alkoholverbot hier nämlich nicht, dass es keinen Alkohol im Land gibt. Sondern wohl eher, dass der illegale Handel mit alkoholischen Getränken ein äußerst gutes Geschäft sein kann.

همدان

Hamadan

Hamadān / Hamadaun / Hamedan / Hamedān

528.000 Einwohner

1.790 m Höhe

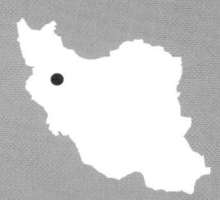

Tag 25 – 27

Hochland & Obstanbaugebiet
In der Nähe: Ali Sadr Cave

Sizdah Bedar
Sex. Sex. Sex.
Tourists & Guests
1. Visumverlängerungs-Versuch

Not welcome

Es ist der 13. und letzte Tag der No-Ruz-Zeit, Sizdah Bedar, an dem alle Iraner ihre Häuser verlassen und raus in die Natur gehen: um zu picknicken, zu feiern und sich von Unglück zu befreien. Traditionell werfen sie an diesem Tag ein Symbol der Haft Sin in fließendes Gewässer: „Sabzeh", das Grünzeug der sieben Symbole, die sie zu No Ruz aufgestellt haben. Der Wurf soll Dämonen vertreiben. Junge Frauen, die die Hoffnung haben, innerhalb des nächsten Jahres zu heiraten, knoten vor dem Wurf noch die Halme zusammen. Und dann praktizieren die Iraner heute auch noch Dorugh-e Sizdah – die „Lüge des 13.", den Aprilscherz auf iranisch. Nach unserer Zeitrechnung fällt er in diesem Jahr auf den 2. April 2013.

Ich reise an diesem Tag nicht in die Natur, sondern von Teheran nach Hamadan – und finde eine entsprechend geschlossene und ruhige Stadt vor. Selbst der zentrale Imam Khomeini Square, der rundum von Bazar-Gängen und Einkaufsstraßen umgeben ist, ist verwaist. Kaum ein Mensch zu sehen, mitten in einer iranischen Großstadt. Eine ungewöhnliche Atmosphäre, die ich richtig genieße.

„Hello! How are you?"

Zwei Iraner kommen auf mich zu.

„Salam! Khaili khubam, merci. Wa, schoma?"

„Hallo! Mir geht es sehr gut, vielen Dank. Und Ihnen?"

Mittlerweile kann ich immerhin diese Antwort auf Farsi geben.

„Where are you from?" – „Alman."

Die üblichen Fragen, mit denen hier ein Straßengespräch beginnt. Interessiert, freundlich, offen. Doch dieses Gespräch schlägt plötzlich um: Die zwei kommen näher und nuscheln etwas, das wie „Sex. Sex. Sex." klingt. Habe ich das richtig gehört? Ich frage lieber nicht nach, beschließe gar nicht zu reagieren, gehe einfach weiter. Aber sie kommen noch näher, wiederholen ihr Genuschel jetzt deutlicher: „Sex. Sex. Sex." Sie grinsen mich an. Und zu überhören sind sie definitiv auch nicht mehr. Also reagiere ich doch, und zwar deutlich: „Na! No!"

Ich wechsle die Straßenseite, kehre um, beschleunige mein Tempo. Aber sie lassen sich nicht abschütteln. Ihnen scheint das Spiel Spaß zu machen.

Sie werden lauter, kommen immer näher – und mir eindeutig zu nahe: „Sex! Sex! Sex!" Es reicht. Ich bleibe stehen und schreie sie an: „Na! No! Mifahmid? Do you understand?"

Überraschung auf ihren Gesichtern. Das Grinsen ist verschwunden. Eine Gruppe von Männern, die 20 m entfernt ein Auto repariert, wird aufmerksam, blickt interessiert zu uns herüber. Und augenblicklich lassen die beiden mich in Ruhe. Verschwinden.

Wütend kehre ich zu meinem Hotel zurück. Sehr wütend. Was war das denn? Waren das die iranischen Männer, vor denen die Reiseliteratur zum Thema „Alleinreisende Frauen" gelegentlich warnt? Iraner, für die sich das Bild „westlicher Frauen" aus Hollywood-Filmen und Soap Operas zusammensetzt? Die glauben, dass „westliche Frauen" nicht nur in ihrer Kleidung, sondern auch in ihrer Einstellung zu wechselnden Partnern und Sex ausgesprochen freizügig sind? Und die „Mann" dementsprechend anmachen und behandeln kann? Bis jetzt habe ich mich gefragt, woher diese Informationen stammen – nun kenne ich die Antwort. Das Hotel verlasse ich an diesem Tag nicht mehr. Gleichzeitig beschließe ich, mir durch dieses eine Erlebnis nicht die Reise verderben zu lassen. Und ganz bestimmt auch nicht, den Iranern ab jetzt skeptischer zu begegnen. Denn: Das waren nur zwei von 75,6 Millionen. Und alle anderen, die ich bis jetzt getroffen habe, haben mir das genaue Gegenteil bewiesen: extrem höflich, freundlich, respektvoll. Diese beiden sind nicht eine weitere Sekunde meiner Aufmerksamkeit wert.

Very welcome

Ein guter Entschluss. Denn schon am nächsten Tag kann ich gar nicht anders, als die Begegnung des Vortages zu vergessen und stattdessen mal wieder die Offenheit und Gastfreundschaft der Iraner zu bewundern.

Ich mache mich auf den Weg zur Ali-Sadr-Höhle: die angeblich größte Wasserhöhle der Welt, die man nur per Boot besuchen kann, ca. 75 km von Hamadan entfernt. Schon die Hinfahrt in dem klapprigen Minibus entpuppt sich als äußerst unterhaltsam: Iranische Reisende aus Esfahan und Tabriz fragen mich auf Farsi aus und erzählen mir Geschichten über ihre mitreisenden Verwandten – zumindest glaube ich, das zu verstehen. Der Herr auf der Sitzbank hinter mir studiert eingehend mein Farsi-Deutsch-Wörterbuch und sucht dabei die absurdesten Wörter heraus. Zwischendurch werde ich mit gerösteten Sonnenblumenkernen und bunt verpacktem Industrie-Kuchen gefüttert. Und als wir die Ali-Sadr-Höhle erreichen, müssen dringend mit allen zur Verfügung stehenden Mobiltelefonen Gruppenfotos gemacht werden.

Die Ali-Sadr-Höhle ist offenbar eine ziemlich bekannte Touristenattraktion: Sie ist umbaut von Snack-Buden und Souvenir-Shops, die Besucherführung ist bestens organisiert. Tatsächlich sind an diesem Tag sehr viele Touristen anwesend – oder besser gesagt: „guests". Denn einheimische Touristen sind für die Iraner „guests", zu den „tourists" zählen für sie nur Gäste aus dem Ausland.

Und „tourists" nach iranischer Definition scheinen hier dann doch eher eine Rarität zu sein, der eine besondere Behandlung zuteil wird: Als solche erkannt muss ich umgehend die Schlange am Ticketverkauf überspringen und werde persönlich zum Höhleneingang geleitet. In der Höhle warte ich gerade mal fünf Minuten auf eines der 8er-Boote, mit denen man per Pedalantrieb durch die Untergrundwelt gefahren wird, als ein freundlicher Mann im Anzug auf mich zukommt: „Hello. I'm the Public Relations Manager. May I accompany and guide you through Ali Sadr Cave?"

Wieder wird die Schlange der wartenden Menschen übersprungen und sofort ein 8er-Boot für zwei bereitgestellt. Es

Ali-Sadr-Höhle

folgt eine zweistündige Tour, in der mir Public Relations Manager Hadi alles über die Höhle erzählt: Von ihrer Entdeckungs- und Entstehungsgeschichte bis hin zu Mythen und Erzählungen, die sich um sie ranken. Die absolut lebewesenfreie Höhle wirkt tatsächlich, als stecke sie voller

Geheimnisse – wie ein episches Kunstwerk der Natur. Nur gelegentlich taucht in den fantastischen Gesteinsformationen eine von Menschen angefertigte Tafel auf: Darauf zu lesen sind Verse aus dem Koran.

Bevor Hadi Marketing studierte, war er selbst mal Tretbootfahrer in der Ali-Sadr-Höhle. Er kennt sich also bestens in der Höhle und ihren Geschichten aus. Lachend berichtet er, dass er als Kind vor der Höhle noch „tourists" um Kugelschreiber angebettelt habe. Damals, als die Höhle noch nicht so bekannt war. Heute ist Hadi 30 Jahre alt.

Nach der Führung sind wir zum Tee in das Büro des General Managers eingeladen. Er möchte wissen, wie mir die Höhle gefallen hat, bittet um ein Foto und einen Eintrag in sein Gästebuch. „Thank you very much for coming to Ali Sadr Cave! This is for you: for tourists who visit us. We hope you liked the cave, and we hope you like our souvenir."

Nicht ein Souvenir, sondern eine ganze Tasche voller Geschenke wird mir in die Hand gedrückt. Dazu ein weiteres Glas Tee mit weiteren Nachfragen. Solange, bis der nächste Minibus nach Hamadan abfährt. An dem werde ich herzlich von Hadi verabschiedet – nachdem er mir seinen Vater vorgestellt hat: den Busfahrer.

Tee! Tee! Tee!

Zurück in Hamadan streife ich noch etwas durch die heute sehr belebte Stadt mit ihrem verwinkelten und wuseligen Bazar. Vorbei an Teppichen, Kleidung, Partydekoration, Haushaltsartikeln, Gemüse, Schafsköpfen.

Eine Frau fragt mich im Vorbeilaufen, woher ich komme und ob ihr Sohn in Deutschland wohl einen Job finden könne. Ich weiß es nicht. In einem Teeladen frage ich, ob ich ein Foto der sehr kunstvoll gestapelten Tee- und Reiskartons machen dürfe.

„Balleh!" – „Ja, klar!", strahlt der Teeverkäufer sofort.

Aber nur, wenn ich auch ein Foto von ihm mache.

Und einen, zwei, drei Tee mit ihm trinke.

Immer wieder befüllt er die Gläser mit gesüßtem Tee. Jedem herein-kommenden Kunden stellt er seinen ausländischen Gast vor. Obwohl wir in unserer Unterhaltung auch mit Farsi-Deutsch-Wörterbuch nicht besonders weit kommen, schreibt er mir seine Telefonnummer auf und lädt mich zu seiner Familie nach Hause ein. Und erst nach Teeglas Nr. 6 akzeptiert er endlich, dass ich tatsächlich kein weiteres mehr trinken kann. Bevor ich mich allerdings wieder auf den Weg machen darf, ver-schwindet er nochmal schnell im Lager – aus dem er strahlend mit einer schnörkeligen Porzellan-Tasse zurückkommt: Wenn ich schon nicht länger zum Tee bleiben kann, dann soll ich die zumindest für meinen nächsten Tee mitnehmen.

Imam Khomeini Square, Hamadan

4 Wochen Iran:
Das Visum verlängern

30 more days

„30 Tage Iran" wurden mir bereits in Deutschland genehmigt. Auf 60 Tage kann ich angeblich relativ problemlos im Land verlängern. Angeblich. Denn das liegt wohl auch ein bisschen im Ermessen des Betrachters.

Der Antrag ist beim „Police Department of Alien Affairs" oder auch „Passport & Immigration Police" zu stellen, zu finden in jeder Provinzhauptstadt. Wobei die Provinzhauptstadt klug zu wählen ist: Ist die Stadt groß genug, um mit Touristen vertraut zu sein? Aber auch nicht zu groß, so dass die Wege nicht zu lang sind? Außerdem sollte man diverse Kopien von Pass und Visum dabei haben. Und einige Passfotos – à la Hijab, versteht sich. Ein Service, der zum Handwerk der iranischen Passfoto-Fotografen selbstverständlich dazu gehört: Mit ihren Photoshop-Künsten rücken sie jedes Kopftuch solange zurecht, bis auch die letzte Haarsträhne verschwunden ist. Gut vorbereitet mache ich mich also auf den Weg zur Polizeistation in Hamadan. Meine erste wirkliche Begegnung mit den „offiziellen Stellen" im Land, abgesehen von der kurzen Einreisekontrolle. Etwas aufregend ist das schon. Die hohen grünen Gitter am Eingang des Gebäudes sorgen nicht gerade dafür, dass ich mich wohler fühle. Schnell zupfe ich noch einmal mein Kopftuch zurecht, das heute ausnahmsweise nicht nur auf den Passfotos alle Haare bedeckt.

Ein Wächter am Eingang gibt mir zu verstehen, dass Mobiltelefone abzugeben sind und ich mich in den ersten Stock begeben muss. Hier entdecke ich eine Art Anmeldung mit Wartezimmer. Kaum Platz genommen, werde ich auch schon in den nächsten Raum geschickt – zu den Zuständigen: einem englischsprachigen Polizeibeamten und seinem gar nicht englischsprachigen

Kollegen, die mich freundlich begrüßen. „Hello! What can we do for you?"
Ich berichte, dass ich seit fast vier Wochen im Iran reise und mein Visum um
30 Tage verlängern möchte. Ob sie mir dabei behilflich sein können?
Sie lächeln höflich – und inspizieren erstmal meinen Pass. Sehr genau wer-
den die vielen Stempel darin angeguckt. Dann überrollen sie mich mit einer
Welle von Fragen:

> „What do you do in Germany?"
>
> „And in Iran?"
>
> „How do you like Iran?"
>
> „Have you been to Israel?"
>
> „How is Iran compared to other countries?"
>
> „What is the main difference?"
>
> „Is it safe here?"
>
> „What do you think about the people in Iran?"
>
> „And the culture?"
>
> „You said you work in marketing. Which marketing would you
> recommend for Iran?"

Ich frage mich, worauf sie hinaus wollen – beantworte aber lieber erstmal
geduldig ihre Fragen. Teile ihnen meine Freude am Reisen im Iran mit. Meine
Begeisterung für Land und Leute. Und: „Yes, I feel very safe here."
Doch dann wird es plötzlich politisch – und ich bin aufgeschmissen.

> „And what is the propaganda in your country about Iran?"

Was sagt man denn dazu auf einer iranischen Polizeistation?
Ich druckse herum, suche nach einer diplomatischen Antwort.

> „Oh, we don't hear a lot about Iran in Germany ..."
>
> „Okay okay, but what do you hear?"
>
> „Well, not that much. If we hear something, it's only about some politics ..."

Während ich mich noch frage, ob ich mich mit dieser Antwort nicht
schon auf Glatteis begeben habe, höre ich mein Gegenüber plötzlich
schallend lachen.

> „Ah, nuclear plants!"

Somit hätten wir also auch das geklärt.
Nach einer Stunde Frage-Antwort-Spiel verstehe ich endlich, dass dies we-
der ein Verhör noch ein Visumverlängerungs-Test ist. Sondern: einfach nur

Wegbeschreibung vom Hotel zur Polizeistation, Hamadan

zwei neugierige Polizeibeamte, die nicht besonders oft auf Touristen treffen. Denn nachdem ihre Neugierde ausreichend befriedigt ist, teilen sie mir freundlich mit, dass sie mein Visum heute leider nicht verlängern können – es sei einfach noch viel zu früh dafür! Wenn ich aber am Samstag, also in vier Tagen, wiederkommen könnte, würden sie mir sofort die Verlängerung ausstellen. Gar kein Problem. Nur für heute müssten sie mich leider ohne entlassen. Und zum Abschied geben sie mir statt Visum einen Auftrag mit: „Please tell everyone in your country about Iran."

At your service

Vier Tage später bin ich in Gorgan. Ebenfalls eine Provinzhauptstadt, im Norden des Landes. Der zweite Visumverlängerungs-Versuch wird also hier gestartet. Die Polizeistation befindet sich hinter weißen Mauern in einer ruhigen Seitenstraße. Sie ist von Frauen und Männern durch getrennte Eingänge zu betreten. Das Mobiltelefon wird ebenfalls am Eingang einbehalten. Ich werde zum „Office for Alien Affairs" in den ersten Stock geschickt. Davor wartet bereits eine Reihe von Männern und Frauen – ziemlich eng nebeneinander sitzend. Die meisten von ihnen stammen aus Turkmenistan und Afghanistan.

Zum Glück bin ich mittlerweile mit einem weiteren Zettel ausgerüstet. Geschrieben von meiner Gastgeberin steht darauf in Farsi: „Ich bin eine deutsche Touristin. Ich möchte mein Visum um 30 Tage verlängern. Danke." Und in dieser Polizeidienstelle – für auswärtige Angelegenheiten – spricht tatsächlich keiner richtig Englisch.

Nach Vorzeigen des Zettels im Sachbearbeiterzimmer werde ich direkt zum „Gespräch" mit dem Chef geschickt. Im größten Zimmer der Etage thront er alleine hinter einem Schreibtisch, dekoriert mit Fähnchen und Fotos wichtiger Menschen. Davor sind zwei gegenüberliegende Reihen von Ledersesseln aufgebaut. Eigentlich ganz gemütlich hier. Lang dauert unser Gespräch allerdings nicht, denn aufgrund der Sprachbarriere fällt die freundliche Befragung diesmal recht kurz aus. Aber immerhin, er scheint mein Anliegen zu verstehen und zu unterstützen – und schickt mich weiter zu Sachbearbeiterzimmer Nr. 2.

Hier füllen drei Beamte Formulare aus, auf denen ich kein Wort verstehe. Mit wenigen Worten Englisch ihrerseits und noch weniger Worten Farsi meinerseits versuchen wir uns zu verständigen, was nicht besonders weit führt. Schließlich überreichen sie mir eine handschriftliche Notiz auf einem abgerissenen Papierstückchen: Damit soll ich zur nahegelegenen Bank gehen, wo eine Gebühr zu entrichten ist.

Die Bank ist um die Ecke. Ich zeige dem Bankangestellten das abgerissene Papierstückchen. Er scheint sofort zu wissen, was zu tun ist – hilft mir netterweise, ein weiteres Formular auf Farsi auszufüllen, und quittiert den Erhalt der Gebühren.

Als ich auf die Polizeistation – Sachbearbeiterzimmer Nr. 2 – zurückkehre, ist hier mittlerweile ein englischsprachiger Polizist aufgetaucht: Endlich können sie mir also auch Fragen stellen, die über „Wie geht's?", „Woher kommen Sie?" und „Wie alt sind Sie?" hinausgehen. Und da haben sie so einige! Auf ganz besonderes Interesse stößt der Versuch, meinen Beruf zu erklären.

„What do you do?"

„I'm a freelance communication consultant."

„What do you do?!?"

„Well, for example last year, I worked a lot for an agency
  that works for BMW and ..."

„BMW?!?"

Strahlende Männergesichter. Das muss umgehend auch dem Beamten aus Sachbearbeiterzimmer Nr. 1 mitgeteilt werden.

„BMW kar mikone!" – „Sie arbeitet für BMW!"

„BMW!?! Khaili khub! Walli khaili gerun e!" – „BMW? Sehr gut!
  Aber sehr teuer!"

Stimmt. Aber die Begeisterung der Männerwelt ist trotzdem groß. Und schwungvoll füllen sie weitere Formulare für mich aus.

Schließlich fehlt nur noch der finale Stempel des Chefs. Also zurück zu ihm. Der versammelt scheinbar gerade alle Klienten des Tages gleichzeitig in seinem Büro, zum Gruppengespräch. Er winkt mir zu, lässt mich in einem Sessel direkt vor seinem Schreibtisch Platz nehmen, stellt mich den anderen vor. Und während er noch einmal meinen Pass inspiziert, fordert er mein Gegenüber auf, sich mit mir zu unterhalten: ein fließend deutschsprachiger Iraner, der in genau gegenteiliger Mission unterwegs ist. Er will das Land verlassen und ein deutsches Visum beantragen. Ein wesentlich schwierigeres Unterfangen, wie mir sein Gesichtsausdruck vermittelt.

In meinem Pass befindet sich nach nur zwei Stunden ein Stempel mit weiteren „30 Tagen Iran". Und zum Abschied ruft mir der englischsprachige Beamte zu: „I'm at your service." Der Wunsch-Exil-Iraner hat wahrscheinlich noch einen wesentlich weiteren Weg vor sich.

"SIE ARBEITET FÜR BMW."

"WHAT IS THE PROPAGANDA IN YOUR COUNTRY ABOUT IRAN?"

گرگان

Gorgan

Gorgān / Gūrgān

253.000 Einwohner

135 m Höhe

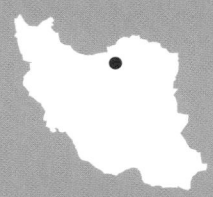

Tag 28 – 31

„Jungle" – grün bewaldete Gegend
In der Nähe: Kaspisches Meer

2. Visumverlängerungs-Versuch
Von Frau zu Frau
Cruising mit boyfriends & girlfriends
Bikini & Yoga

May I ask you a question?

In Gorgan treffe ich die junge Englischlehrerin Sanaz, die mich zu einem „Frauen-Abend" mit ihren Kolleginnen mitnimmt. Die Frau des Rektors der privaten Englisch-Mädchenschule hat zum Essen in ein angesagtes Restaurant eingeladen. Kein Mann in unserer Gruppe, sitze ich zwischen einer Ansammlung von sehr schick gestylten jungen Frauen. Es wird gekichert, getuschelt, gelegentlich vor Begeisterung gekreischt. Tipps für die nächste „nail implementation" werden ausgetauscht. Bei einigen rutschen die Kopftücher ganz aus Versehen gelegentlich etwas zu weit in den Nacken.

„What do you think about wearing a scarf?"

„It's okay for me, for two months travelling ..."

„We hate it!"

Die Bedienung schleicht um uns herum und lässt mir durch meine iranische Freundin die Frage stellen, ob Menschen mit dunklen Augen und Haaren in Deutschland als genauso attraktiv empfunden würden wie Menschen mit hellen Augen und Haaren im Iran. „I think there are a lot of very pretty Iranians. But in Germany, it's not as special to have dark hair and dark eyes as it is here to have light hair and light eyes. Because there are many people from other countries living in Germany – and many Germans with dark hair as well. It's part of our society." Interessiert wird meine Antwort zur Kenntnis genommen und auf Farsi ausdiskutiert.

Meine Tischnachbarin fragt mich derweil neugierig aus, ob Sex vor der Ehe in Deutschland tatsächlich in Ordnung sei – oder ob bei der Wahl der Ehefrau nicht doch auch Jungfrauen bevorzugt würden? Und ob es denn auch Operationen für die Wiederherstellung der Jungfräulichkeit bei uns gäbe? Es scheint der Abend der Fragen von Frau zu Frau zu sein. Sanaz schüttelt irritiert den Kopf: „I don't know why they are asking all this. Because, actually, they know all the answers..." Aber offensichtlich ist es spannend, sich die bereits bekannten Antworten noch einmal aus erster Hand bestätigen zu lassen. Und vor allem zu hören, dass sich Frauen und Männer – Mädchen und Jungen – in anderen Ländern tatsächlich freier begegnen können als im Iran.

Haarteile-Fachgeschäft, Gorgan

Im Iran ist es illegal, einen „boyfriend" bzw. „girlfriend" zu haben. Sex vor der Ehe ist gesetzlich verboten. Was allerdings nicht bedeutet, dass das von allen auch so eingehalten wird. Ganz im Gegenteil. Aber in der Öffentlichkeit dürfen sich „boy- & girlfriend" auf keinen Fall so einfach zeigen. Schon eine gemeinsame Autofahrt kann von der Polizei gestoppt werden und – wenn kein Verwandtschaftsverhältnis nachweisbar ist – zum Besuch der Polizeistation führen. Hier ist schriftlich zu erklären, sich nie wieder eines solchen Fehlverhaltens schuldig zu machen. Härtere Fälle können sogar zu einem Arrest führen. Eine Benachrichtigung der Eltern ist in jedem Fall inklusive – und bei konservativen Familien werden „boy- & girlfriends" definitiv auch im Privaten nicht akzeptiert.

Doch die jugendlichen Iraner sind bei diesem Thema durchaus erfinderisch. Ein Spaziergang am nächsten Abend führt Sanaz und mich ganz offensichtlich auf die Straße der Stadt, auf der sich alle jeden Abend und ganz besonders am Wochenende zeigen: Mit Jungs gefüllte Autos cruisen vorbei an mit Mädchen gefüllten Autos. Verlangsamen – beschleunigen. Nebeneinander – hintereinander. Unermüdlich. Auf und ab. Spaziergängerinnen tragen Schuhe, die Frau eigentlich niemals auswählen würde, wenn sie tatsächlich spazieren gehen wollte. Das Haarstyling der jungen Herren erinnert an Boygroups, Serienstars und weltbekannte Fußballer. Und die Mobiltelefone sind dauerhaft im Einsatz.

Sanaz hat das nicht mehr nötig. Sie ist bereits verheiratet. Lächelnd berichtet sie, dass Mohammad und sie vor ihrer Hochzeit fast sechs Jahre lang eine geheime Beziehung geführt haben. Geheim bedeutet in diesem Fall: Ihre Geschwister und ihre Mutter wussten Bescheid, ihr Vater nicht. Seit der Hochzeit können sie sich selbstverständlich überall als Paar zeigen. Wobei zu viel Nähe wie Küssen in der Öffentlichkeit auch für Verheiratete unangebracht ist.

"WHAT DO YOU THINK ABOUT WEARING A SCARF?"

„We did it like many people in Iran", stellt Sanaz fest. Und tatsächlich führen viele meiner neuen Bekanntschaften hier illegale Beziehungen. Wobei die Bandbreite groß ist:

* Mehdi und Zahra aus Teheran verbringen den Großteil ihrer Freizeit miteinander, fahren ohne Bedenken gemeinsam im Auto, zeigen sich in Gesellschaft ihrer Freunde als Paar – solange sie sich außerhalb der Sichtweite von Verwandten und deren Bekannten befinden.

* Für Maryam ist das auch mit 27 Jahren noch absolut undenkbar. Nur im Vertrauen erzählt sie, dass sie gerne mal einen „boyfriend" hätte – aber da sie in einem kleinen Ort lebt, ist das für sie nicht möglich: „It's impossible for me! Everybody knows everybody here. And people don't like it. So I can only hope to find a husband and get married soon ..."

* Hamed, 30 Jahre alt, zelebriert hingegen sein Junggesellen-Dasein. Er wohnt in der zweitgrößten Stadt des Landes und führt eine Wochenend-Beziehung mit seiner Freundin aus Teheran. „Do your parents know her?" „Of course! They like her. No problem." Vielleicht zieht er demnächst in ihre Nähe. Aber heiraten? „No. Not me. It's much better not to be married."

* Im Internet haben sich Niloufar und Nima kennengelernt und bei realen Treffen ineinander verliebt. Trotz 850 km räumlicher Entfernung haben sie vier Jahre lang eine geheime Beziehung geführt – bis ihre Eltern endlich einer Hochzeit zustimmten.

Do you have to take your clothes off at a mixed German swimming pool?

An meinem letzten Tag in Gorgan mache ich zwei Dinge, die ich niemals im Iran erwartet hätte:

* ★ Ich nehme an einem Yoga-Kurs teil. Nur für Frauen, versteht sich.
* ★ Ich trage meinen Bikini. Beim Besuch einer nahegelegenen heißen Quelle. Mit getrennten Badebereichen für Frauen und Männer, versteht sich.

Und schließlich ist es endlich auch mal an mir, Sanaz eine Frage von Frau zu Frau zu stellen:

„If you would come to Germany, would you go to a mixed swimming pool with me?"
„Sure!"

Sofort stimmt Sanaz zu. Sie hat große Lust, mich in Deutschland zu besuchen und das Leben dort kennenzulernen. Nach kurzem Nachdenken hat die gläubige Muslimin allerdings dann doch noch eine Rückfrage:

„Do you have to take your clothes off at a mixed German swimming pool? I mean: Do you have to wear a bikini or bathing suite? Or is a full body-cover okay?"

Eine Frage, über die ich so noch nie nachgedacht habe.

Werbetafel mit Staatsoberhaupt Chamenei, Gorgan

Kaspisches Meer

4,5 Wochen Iran: Persisch für Anfänger

Thumbs up!

Nach viereinhalb Wochen Iran reflektiere ich meine Farsi-Kenntnisse. Und muss feststellen, dass ich noch nicht besonders viel dazugelernt habe: Es gibt einfach zu viele Iraner, die zu gut Englisch sprechen. Einige von ihnen sogar so „native", dass man ihnen kaum glauben kann, dass sie den Iran noch nie verlassen haben. Statt neue Worte auf Farsi zu lernen, habe ich mein Wissen also eher auf Englisch um solche Dinge wie iranische Neujahrsvorsätze erweitert – das Thema einer freiwilligen „English Conversation Class" in Gorgan.

Meine iranischen Freunde attestieren mir trotzdem lachend, dass mein Farsi bereits sehr fließend sei – die alltäglichen Worte „coffee shop, internet, police, taxi, machine, parking, chocolate ..." könne ich mittlerweile doch schon perfekt aussprechen. Begeistert sind sie außerdem davon, dass ich meine deutsche Familie auf persische Art beschreiben kann. Bei ihnen werden die Familienmitglieder nämlich wesentlich genauer spezifiziert als bei uns:

„Madar, pedar, 1 baradar, 1 khahar, 1 schohar-e khahar, 4 dokhtar-e khahar, 2 khale, 1 schohar-e khale, 2 dokhtar-e khale, 1 pessar-e khale, 1 amme, 1 amu ..."

„Mutter, Vater, 1 Bruder, 1 Schwester, 1 Ehemann-der-Schwester, 4 Töchter-der-Schwester, 2 Tanten mütterlicherseits, 1 Ehemann-der-Tante mütterlicherseits, 2 Töchter-der-Tante mütterlicherseits, 1 Sohn-der-Tante mütterlicherseits, 1 Tante väterlicherseits, 1 Onkel väterlicherseits ..."

شناطيران

Hühnereier-Fachgeschäft, Qazvin

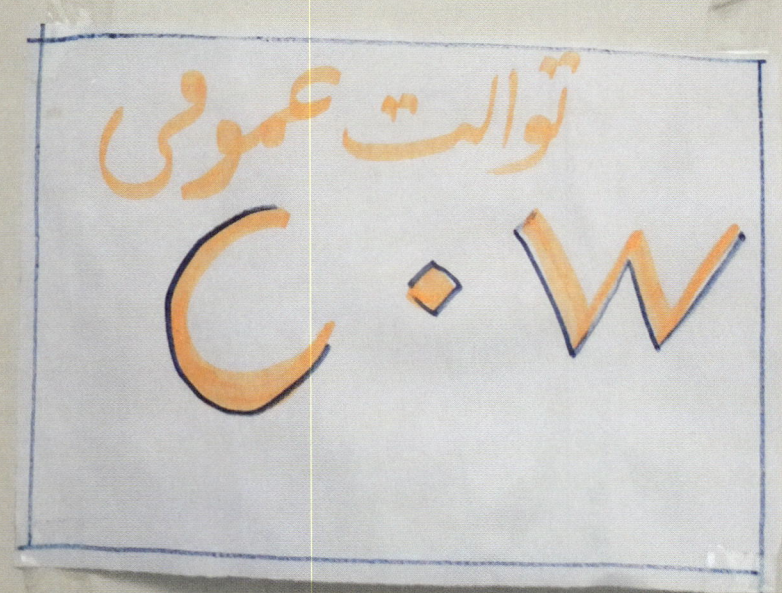

Hoteltoiletten-Beschilderung in zwei Sprachen und zwei Leserichtungen, Qazvin

Für große Erheiterung sorgen zudem ein paar lokale Spezialitäten, die ich mittlerweile aufgeschnappt habe:

„Tsche-tschi?!?" – mit leicht arabischem Akzent – um „Was?!?" zu fragen. „Boa!" – aus der Gegend von Arak – um große Überraschung auszudrücken. „Ts, ts, ts ..." – ein sehr eigener Schnalzlaut – um zu zeigen, dass etwas für gar nicht gut befunden wird.

Und gelernt habe ich außerdem, auf persisch zu essen: mit Löffel und Gabel. Ohne Messer. Ja, auch wenn es den beliebten Kebab oder sonstiges Fleisch gibt. Bei jeder Hauptmahlzeit: ohne Messer. Miniaturausgaben davon werden nur zum Frühstück, zu weißem Käse und Marmelade, gereicht. Und immer, wenn Obst serviert wird – wozu auch Gurken zählen. Wie selbstverständlich kann ich mittlerweile auch schon wie die Iranerinnen mit der einen Hand mein Kopftuch richten und mit der anderen die Haare zurückstreichen. Einen Tschador richtig zu tragen – was gelegentlich bei dem Besuch von Moscheen zu tun ist – fällt mir allerdings immer noch sehr schwer: Wie schafft Frau es bitteschön, weiterhin normal zu agieren, wenn eine Hand immer damit beschäftigt ist, dieses riesige Stück Stoff unterm Kinn so gut festzuhalten, dass es nicht doch wieder unsittlich verrutscht? Kein Wunder, dass die Iranerinnen dabei gelegentlich ihre Zähne zur Hilfe nehmen. Aber auch diesen Trick habe ich noch nicht so ganz raus.

Ein paar kommunikative Gesten wiederum gehören definitiv zum Gelernten meiner letzten Wochen: ein leichtes Anheben des Kopfes, um „Na!" – „Nein!" zu unterstreichen. Ein kurzes Abknicken des Kopfes zur Seite, um Verständnis oder Zustimmung auszudrücken. Und in das größte Fettnäpfchen, das ich am Anfang aus Versehen sogar auf einigen Gruppenfotos verewigt habe, trete ich mittlerweile zum Glück auch nicht mehr: Thumbs up! – drückt im Iran leider überhaupt keine Begeisterung aus, sondern ist die iranische Version unseres ausgestreckten Mittelfingers.

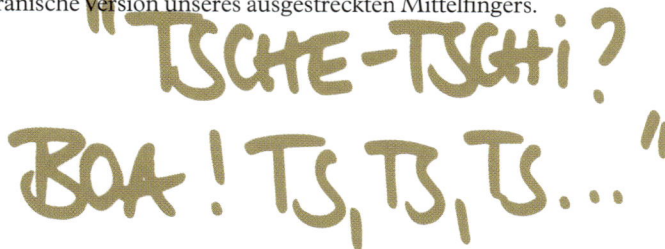

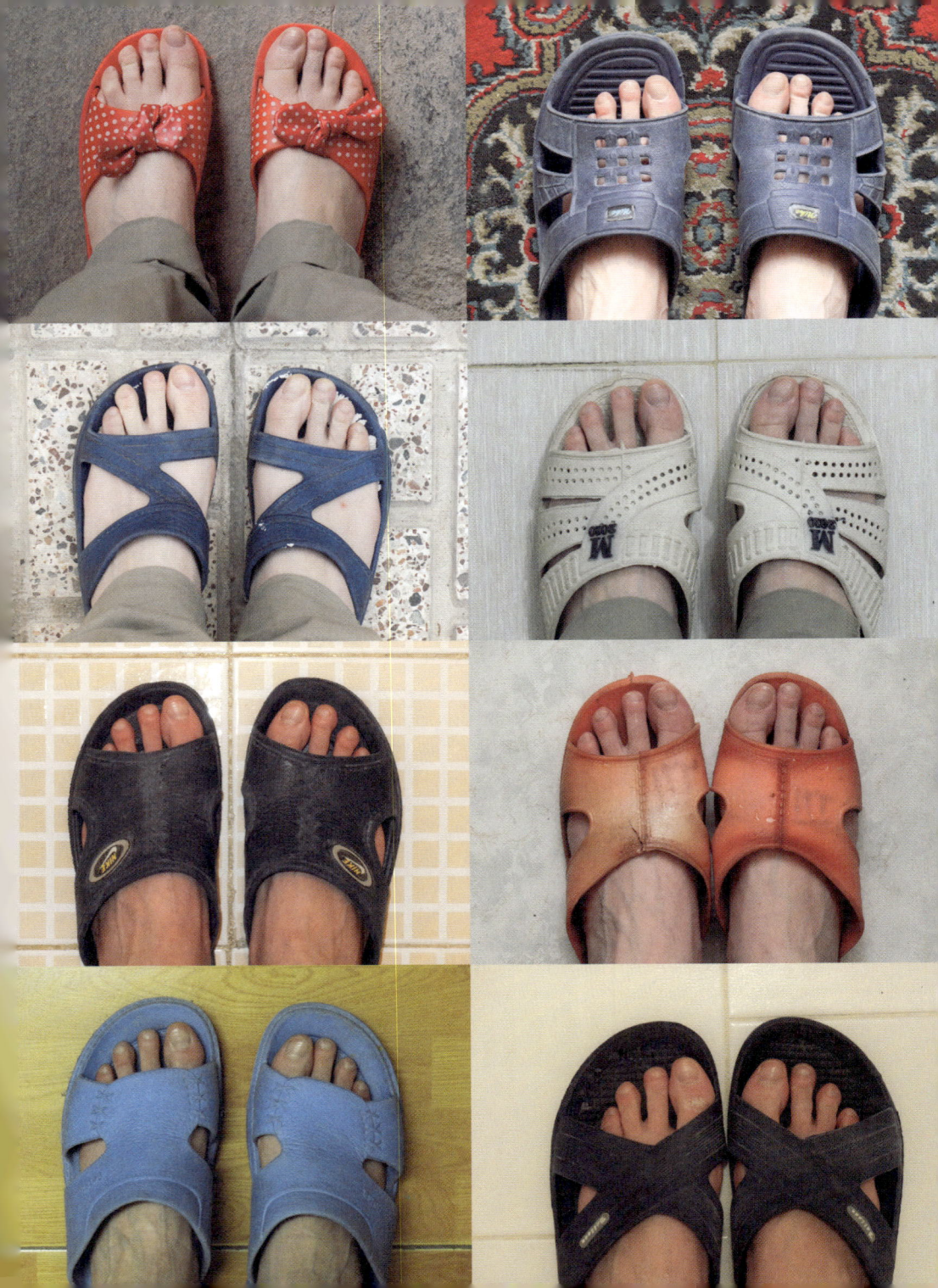

Für den Hausgebrauch überall bereitgestellt: Badeschlappen zur gemeinschaftlichen Benutzung

مشهد
Mashhad
Maschhad / Masched / Mashad / Meschhed
2.965.000 Einwohner
1.000 m Höhe

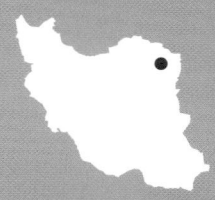

Tag 32 – 36

Zweitgrößte & heiligste Stadt des Iran
Imam-Reza-Schrein

Azadeh alias Anna
Mullah & Bettlakengespenst
Vegan im Iran
Shir-a-Bad Mountain

"YOU CAN CALL ME ANNA. THAT'S MY INTERNET NAME."

Im Herzen des heiligsten Ortes

Mashhad – die heiligste Stadt des Landes. Ein politisches und religiöses Zentrum, das jährlich 20 Millionen schiitische Pilger besuchen. Hier steht der heilige Schrein des Imam Reza: der achte der zwölf schiitischen Imame und der einzige, dessen Grab sich auf iranischem Boden befindet. Pilger aus der ganzen Welt kommen hierher. Ein buntes Treiben herrscht in der Anlage rund um den Schrein, die sich mit ihren diversen Moscheen, Gebetsräumen, Seminaren, Museum, Universität, Bibliothek, Friedhof und weiteren Gebäuden sehr weitläufig erstreckt.

Nicht-Muslime sind hier ebenfalls herzlich willkommen, Teile der Anlage sind auch für sie zugänglich: das „Islamic Relations Office and Foreign Pilgrims' Affairs", das Museum und einige der Höfe. Die Kamera ist am Eingang abzugeben, als Frau muss ich mich mit einem Tschador bedecken. Dann geht es durch den Sicherheitscheck. Erschrocken stelle ich fest, dass ich ganz vergessen habe, mein Reise-Taschenmesser auszupacken. „No problem", lächelt mich die Sicherheitsbeamtin an. „Bring it to cloak room, please. And come back again."

Wieder raus aus dem Sicherheitsbereich weisen mir zwei Sicherheitsbeamte mit bunten Staubwedeln den Weg – zumindest sehen die Stöcke in ihren Händen für mich sehr danach aus. Für sie sind es Hilfsmittel für Gesten der Höflichkeit: Mit dem nackten Finger auf jemanden zu zeigen gehört sich nicht. Dann also lieber mit Staubwedeln.

Höflicherweise haben die beiden meinen französischen Bekannten Thierry und mich auch schon im „Islamic Relations Office and Foreign Pilgrims' Affairs" des Schreins angemeldet, so dass wir – nach meinem zweiten Gang durch den Sicherheitscheck – auf der anderen Seite bereits von einer jungen Mitarbeiterin empfangen werden: „Hello, my name is Azadeh, but you can call me Anna. That's my internet name, which is probably easier for you to remember. I'm your guide. What would you like to see?" Azadeh alias Anna studiert in Teheran, 890 km entfernt von ihrer Heimatstadt. An ihren drei freien Tagen kehrt sie Woche für Woche zu ihrer Familie nach Mashhad zurück und arbeitet als Volunteer am Schrein von Imam Reza. Für uns hat sie soviel Zeit, wie wir benötigen – um uns alles zu zeigen, was uns interessiert.

Anna führt uns durch diverse Innenhöfe, vorbei an blau gekachelten Gebäuden und Arkaden, Springbrunnen und Minaretten, blauen und goldenen Kuppeln. Die Architekturstile der verschiedenen Bau-Epochen erklärt sie uns ebenso wie die religiösen Traditionen. Überrascht hören wir auf dem Weg Glockengeläut – in einer muslimischen Anlage? Anna lacht: „No religious meaning, but we have two clocks here. Both were presents from Europe, many years ago: One is from Britain, the other one from Hamburg. Your hometown. Did you know that?" – Nein. Das wusste ich nicht.

Immer wieder sehen wir in den Innenhöfen Gruppen von Menschen um einen Sarg stehen, der nur mit einem Tuch bedeckt ist, unter dem sich ein Körper abzeichnet. Beerdigungszeremonien – bei denen die Männer vorne, die Frauen hinten stehen. Anna erklärt: „At a funeral ceremony, the women have to control themselves. It's not good if they cry or moan too loud. That's why they are in the back: They would be too emotional if they stood in the front." Ihre Erklärungen richtet Anna eindeutig mehr an mich als an Thierry. Und im Gegensatz zu Thierry darf ich mit ihr auch den heiligsten Ort der Anlage besuchen: den tatsächlichen Schrein des Imam Reza. Ein Ort, der für Nicht-Muslime eigentlich nicht zugänglich ist – was Anna offensichtlich nicht weiter interessiert: „Are you interested in seeing the shrine? Yes? Let's go! ... Thierry, you have to wait here, though, since I can only go to the women's part. I'm sorry."

Während Thierry also in einer unterirdischen Moschee auf uns wartet, führt Anna mich durch diverse Gänge zur Frauen-Seite des Schreins: ein prunkvoller Raum, in dem sehr viele Frauen eng nebeneinander beten – stehend, sitzend, kniend – still, vor sich hinmurmelnd, wehklagend. Jede von ihnen drängelt sich mindestens einmal durch die Masse nach vorne zum Schrein von Imam Reza: um ihn zu berühren, zu küssen und Geld hineinzuwerfen.

Gemeinsam mit Thierry geht die große Tour weiter. In einem der Innenhöfe entdeckt Thierry den Männereingang zum Schrein – und kann Anna schließlich überzeugen, dass er das letzte Stück des Weges in den Schrein von hier aus auch ohne sie finden kann. Während wir auf ihn warten, berichtet Anna mir von den religiösen Funktionen, die Frauen im schiitischen Islam einnehmen können. Nach so klar erlebter Geschlechtertrennung bin ich ziemlich überrascht, als sie erzählt, dass auch Frauen Mullahs werden können. Wie genau das denn funktioniert? Das weiß sie leider nicht. Aber wenn ich möchte, kann ich mich darüber gerne mal mit einem Mullah unterhalten. „You want to do it right now? I can call my colleague, no problem."

Ich habe sehr großes Interesse, aber jetzt sofort keine Zeit – also drückt sie mir die Telefonnummer des zuständigen Büros in die Hand. Dort könne ich mich jederzeit melden. Ergänzend erhalten Thierry und ich eine Tüte voll englischsprachiger Medien zum Islam, speziell für „Foreign Pilgrims" zusammengestellt. Zum Abschied tauschen wir unsere Facebook-IDs aus, und Anna stellt fest: „By the way, you can call yourself ‚Mashhadi Helena' now. Because you've visited the shrine of Imam Reza as a foreign pilgrim." – Sehr freundlich von ihr, dass sie mir diesen Titel verleiht. Soweit ich weiß, muss man eigentlich ganz bestimmte Gebete, Koran-Lesungen und Meditationen machen, um ein echter Pilger zu sein. Trotzdem eine nette Geste von Anna.

Gott und die Welt

Zwei Tage später beschließe ich, die Telefonnummer „zur Unterhaltung mit einem Mullah" tatsächlich mal zu testen – und erhalte von dem Herrn am anderen Ende der Leitung die Einladung, heute jederzeit vor 14 Uhr beim „Islamic Relations Office and Foreign Pilgrims' Affairs" vorbeizukommen. Ein Gespräch ließe sich dann schon einrichten. Zwei Stunden später sitze ich also genau dort: im „Islamic Relations Office and Foreign Pilgrims' Affairs". Bekleidet mit einem geblümten Gebets-Tschador – ein Geschenk des Hauses, in dem ich mir wie ein Bettlaken-Gespenst vorkomme, was aber ansonsten keinen um mich herum zu stören scheint. Zum zweistündigen Gespräch mit einem iranischen Mullah.

„Guten Tag! Wie kann ich Ihnen behilflich sein?"

Freundlich werde ich in perfektem Deutsch begrüßt.

Mein Gegenüber hat, bis er 14 Jahre alt war, in Deutschland gelebt.

„Sie sind aus Hamburg?" – Da hat er das Gymnasium besucht.

Gebets-Tschador
Geschenk des „Islamic Relations Office and Foreign Pilgrims' Affairs",
Imam-Reza-Schrein, Mashhad

„Und was führt Sie her? Was kann ich für Sie tun? Bitte fühlen Sie sich
völlig frei – und stellen Sie jede Frage, die Sie stellen möchten. Viele
Besucher denken, dass sie das hier nicht tun können. Aber ich möchte
Sie ermutigen, wirklich alles anzusprechen, was Sie interessiert. Und
ich werde versuchen, Ihre Fragen so gut wie möglich zu beantworten."
Das mache ich gerne. Ich beginne mit der Frage, die mich überhaupt
erst zu diesem Gespräch gebracht hat: Ob Frauen im schiitischen Islam
tatsächlich Mullahs werden können? Und erfahre, dass sie einen
„mullahähnlichen" Status erreichen können. Der große Unterschied:
Männliche Mullahs dürfen anderen Gläubigen Weisungen erteilen. Weibliche nicht. Und sie dürfen nicht für Männer vorbeten – was männlichen
Mullahs für Frauen wiederum erlaubt ist. „ ... Und wo wir gerade bei dem
Thema sind: Was sagen Sie ansonsten zu den Rechten der Frauen in der
Islamischen Republik Iran?" Nach seiner Interpretation sind die eigentlich ganz vorteilhaft: Der Mann müsse Geld und Mitgift in die Ehe einbringen – die Frau sei dazu nicht verpflichtet. Und er müsse in der Ehe
immer für ihren Unterhalt sorgen, auch wenn sie ihr eigenes Geld ver-
diene, was ja viele Iranerinnen mittlerweile tun würden.

„Aber es ist doch unumstritten, dass das Leben einer Frau hier
weniger wert ist als das eines Mannes: Wenn eine Frau getötet wird,
beträgt das zu entrichtende ‚Blutgeld' nur die Hälfte von dem eines
getöteten Mannes. Oder?"

„Das ist durchaus richtig. Aber wer profitiert denn davon, wenn bei
einem getöteten Mann mehr Geld ausgezahlt wird? Doch seine noch
lebende Ehefrau, oder? Übrigens darf ein Mann seine Frau laut Koran auch nur sehr leicht schlagen, ansonsten kann sie ihn verklagen.
Und ja – der Mann hat das Recht, mehr als eine Frau zu heiraten.
Allerdings nur, wenn seine erste Ehefrau einer weiteren Hochzeit
zustimmt. Und wie Sie vielleicht auch schon bemerkt haben,
kommen Vielehen im Iran sowieso nicht besonders häufig vor."

Das stimmt – und zudem habe ich mittlerweile den Eindruck, dass sie bei
den meisten Iranern sogar verpönt sind. Einbringen kann ich meine An-
merkung allerdings nicht, denn er sprudelt schon weiter: Zum Thema
„Frauen im Iran" hat er viel zu sagen, beantwortet fast vorauseilend

kritische Fragen, die ich stellen könnte. Selbst zu dem sehr geringen
legalen Heiratsalter von Mädchen nimmt er Stellung, ohne dass ich es
anspreche: „Dass Mädchen bereits so jung verheiratet werden können,
ist übrigens traditionell gewachsen, nicht religiös."

Interessant. Ich dachte, es sei ein rechtlicher Beschluss der Regierung der
Islamischen Republik Iran, dass Jungen mit 15 Jahren und Mädchen mit
13 Jahren verheiratet werden können – wobei es bei beiden auch schon
früher geht, wenn Vormund und Gericht zustimmen. Schließlich gelten
Mädchen nach islamischem Recht schon mit neun Jahren als geschlechts-
reif. Aber insgesamt klingt die Lage der Frauen im Iran in seiner Darstel-
lung ja gar nicht so schlecht.

Leider fehlt mir das Detailwissen, um bei diesem Thema in eine noch
tiefer gehende Diskussion einzusteigen. Also befrage ich ihn als nächstes
zu der von mir wahrgenommenen Diskrepanz zwischen den religiösen
Vorschriften – wie z.B. dem korrekten Kleidungsstil oder dem Verbot
von westlichen Medien, Satellite TV, Facebook – und dem tatsächlichen
Leben der Menschen, die diese Vorschriften reihenweise missachten.

„Das bekommen Sie als Geistlicher doch auch mit, so offensichtlich
wie das ist, oder? Ist das nicht wie ‚zwei Welten', in denen die Menschen im Iran leben?"

„Stimmt." Schulterzucken. „Aber was soll man machen?"

Aus seiner Sicht ist dies eine Entwicklung, die nicht aufzuhalten
ist – auch wenn er das sehr bedauert:

„Wissen Sie, seit es hier Satellite TV und Internet gibt, hat sich viel
verändert. Die Menschen gucken sich immer mehr von den Serien
und Hollywood-Filmen ab. Sie wollen aussehen wie die Serienstars.
Die Konsumorientierung nimmt zu. Die Scheidungsrate steigt. Und
unsere Kultur verliert mehr und mehr von ihren Werten: vor 10 Jahren
habe ich meinen Vater täglich gesehen. Heute sehen wir uns vielleicht
einmal pro Woche, obwohl wir in der gleichen Stadt wohnen. Keine
gute Entwicklung, oder? Ich befürchte, dass wir langfristig dahin kommen, wo die Türkei heute steht: zu einer Republik mit Islam."

Apropos Republik – was sagt er denn zu dem Vorwurf der Diktatur? Auf
diese Frage bekomme ich umgehend eine sehr klare Antwort: „Der Iran

"DER IRAN IST KEINE DIKTATUR."

ist keine Diktatur. Hier gibt es demokratisch gewählte Organe, wir haben ein demokratisch gewähltes Parlament." Und er erklärt mir aus seiner Sicht, wie die Wahl von Ahmadinejad zu seiner zweiten Amtszeit vor vier Jahren abgelaufen ist – und zwar demokratisch, nicht manipuliert, auch wenn das viele immer noch behaupten würden.

„Ahmadinejad hat einfach einen sehr guten Trick angewendet: Früher gab es für jeden Bürger Sachgeschenke vom Staat, wie z.B. Benzin. Ahmadinejad hat dies auf einen fixen Geldbetrag pro Person umgestellt. Damit haben die Menschen auf dem Land – mit ihren kinderreichen Familien – plötzlich viel Geld vom Staat bekommen, so dass sie seitdem viel weniger arbeiten müssen. Für die Menschen in der Stadt ist diese Regelung allerdings nicht so vorteilhaft, weil ihr Leben wesentlich teurer ist und sie nicht so viele Kinder haben. Und jetzt gucken Sie mal ..." – er zückt einen Zettel und malt einen Prozentkuchen auf – „... Ein Großteil der Menschen lebt auf dem Land ..." – er teilt den Kuchen, nicht ganz in der Mitte – „... Die haben nach diesen großzügigen Geschenken natürlich für Ahmadinejad gestimmt. Und das war seine Mehrheit. Auch wenn die Menschen in den Städten ..." – er zeigt auf den kleineren Teil des Kuchens – „... mit ihren Protesten gegen die Wahl wesentlich lauter waren und mehr mediale Aufmerksamkeit erhalten haben: Der Ausgang der Wahl war nicht manipuliert."

Eine interessante Erklärung. Die plausibel und demokratisch klingt. Wenn man, wie ich, zum einen keine Ahnung hat, wie sich die Bevölkerung auf Stadt und Land aufteilt – und erst im Nachhinein feststellt, dass im Wahljahr 2009 knapp 69% der Bevölkerung in Städten gewohnt haben – und zum anderen außer Acht lässt, dass der Wächterrat im Vorfeld ganz undemokratisch entscheidet, welche Kandidaten überhaupt zur Präsidentschaftswahl zugelassen werden. Aber so tief steigen wir dann doch nicht in eine Diskussion über die iranische Art der Demokratie ein – begeben uns stattdessen auf die größere politische Bühne: zum Atomstreit zwischen Iran und „dem Westen". Mich interessiert seine Meinung, warum die drei Hauptakteure Iran, Israel und die USA ihren Dauerkonflikt so konsequent aufrechterhalten. Wenn ich den freundlichen und offenen Menschen im Iran begegne und ihre Meinungen dazu höre, erscheint mir dieser Konflikt nicht nur sinnlos, sondern schon fast absurd. Zumal meine persönlichen Bekanntschaften aus Israel und den USA mindestens genauso wenig Interesse an einem Krieg haben.

„Und ist es in dem ganzen Spiel nicht auch Aufgabe eines religiösen Führers – der eine an sich ja friedliche Religion vertritt – den Präsidenten seines Landes mit friedlichen Worten zurechtzuweisen, wenn der mal wieder Kriegsrhetorik benutzt, anstatt den Konflikt auch noch zu unterstützen?" Selbst diese Frage irritiert ihn nicht. „Wissen Sie, wenn Sie dauerhaft bedroht werden, ist es schwierig, keine Drohungen zurückzuschießen. Und die USA werden immer einen Grund finden, den Iran als Terrorstaat darzustellen. Egal, was der Iran tut. Dahinter steht doch etwas ganz anderes: Die USA brauchen einen Grund, in unserer Region Truppen und Waffen zu stationieren. Denn eigentlich haben sie eine ganz andere Angst: die Angst vor aufstrebenden Staaten wie Indien, Russland, China – die für sie geographisch hinter dem Iran liegen. Und dann ist da noch ihre Waffenindustrie: Damit die floriert, wird ein Konflikt benötigt. Denn nur mit einem Konflikt kann man Nachbarstaaten voreinander Angst machen – um dann allen Beteiligten immer wieder die neuesten Waffen zu verkaufen."

Vor dem Imam-Reza-Schreinkomplex, Mashhad

Nach zwei Stunden Gespräch habe ich erstmal keine weiteren Fragen mehr. Zum Abschied werde ich eingeladen, gerne wieder vorbeizukommen. Ich verlasse den Schreinkomplex – und verwandle mich schnell zurück vom „Bettlakengespenst" zur „Frau mit Hijab". Das Gespräch trage ich allerdings noch etwas länger mit mir herum: War das eine Sonderbehandlung für Touristen? Diese Offenheit für kritische Fragen? Oder ist der redegewandte Mullah immer so? Ohne Frage: Er schien genau zu wissen, welche Antworten Touristen gefallen. Trotzdem kann ich nicht abstreiten, dass ich von seiner Offenheit überrascht bin – und dass er mir durchaus neue Denkanstöße und Fragen mitgegeben hat.

Fotofachgeschäfte, Mashhad

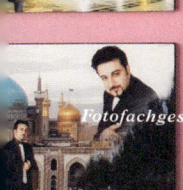

Imam-Reza-Schreinkomplex, Mashhad

Mashhad

"IF I LIKE, I CAN WORK. IF I DON'T LIKE, I DON'T."

So kann ich auch frei sein

Als absoluter Gegensatz zum Mullah, der die Verrohung der Sitten in seinem Land beklagt, treffe ich in der heiligsten Stadt des Landes Hossein: 30 Jahre, gut aussehend, sportlich, unverheiratet. Wohnhaft in bester Lage. In einer Wohnung, die bei uns als „Single-Wohnung" beschrieben würde: 3 Zimmer, Küche, Bad. Für nur eine Person. Das ist mir im Iran bis jetzt noch nicht begegnet. Insbesondere nicht bei einem unverheirateten Sohn, der in der gleichen Stadt wie seine Eltern wohnt: Die meisten Kinder leben hier so lange bei ihren Eltern, bis sie heiraten oder aufgrund von Studium, Militär, Beruf in eine andere Stadt ziehen. Und selbst dann wohnen sie bevorzugt bei Verwandten oder werden in einem Wohnheim untergebracht. Nicht Hossein. In seiner Wohnung ist „westliches Leben" angesagt: „Please, leave your shoes on! Yes, you can step on the carpet with them, no problem. Would you like a drink? And please feel free to smoke. Everything is possible in my home!" Er lacht viel, packt iPhone und Rechner aus, um die Fotos seiner letzten „Safaris" zu zeigen: Mountaineering, Off-Road Drives – er und seine Freunde scheinen ständig im Land unterwegs zu sein. Außerdem war er in China und im Base Camp des Mount Everest in Nepal. Wie er sein Geld verdient? „I used to import stuff from China, sell it in my own shop and to shops all over Iran. That was easy and good money. But now, with all these sanctions, it's getting impossible to keep up this business. I'm closing it down."

Zum Glück besitzt er noch eine Ladenfläche in der Innenstadt, von deren Mieteinnahmen er erstmal auch ohne ein eigenes Business leben kann. Das passt gerade sowieso besser zu seinem Lebensstil: „If I like, I can work. If I don't like, I don't. I go mountaineering. Or to safari."

Und heute Abend gehen wir auf „Safari" in seiner Stadt. Als wir schon startbereit in seinem neuen SUV sitzen, läuft er nochmal schnell zurück in die Wohnung: Er hat noch etwas vergessen – eine Kette aus Nepal, ein Geschenk für mich. „Because you are my German friend now!"

„Let's go and eat something. What do you want?" Vorsichtig merke ich an, dass ich am liebsten vegetarisches Essen mag. Und ernte ausnahmsweise mal nicht die Frage „But you eat chicken?!" oder einen leicht verzweifelten

Blick aufgrund von mangelnden Essensoptionen, sondern einen begeisterten Vorschlag: „Great! Let's go to my friends' restaurant. They have the first vegan restaurant in Mashhad."

Vegan im Iran. Nach vier Wochen Fleisch-Diät eine echte Wohltat. Seine Freunde scheinen sich mindestens genauso wie ich über unseren Besuch in ihrem Restaurant zu freuen: Fast alle Gerichte der Speisekarte landen an diesem Abend auf unserem Tisch – inklusive „Kotelett", was so etwas wie kleine Weizenbratlinge mit Salatblättern auf Baguette ist. Alles kostenlos für die neuen Gäste. Nebenbei erklären sie uns, wie sie sich selbst das vegane Kochen beigebracht haben. Und wie sie weiterhin täglich mit neuen Zutaten experimentieren, um mehr vegane Gerichte zu erfinden und noch mehr Menschen dafür zu begeistern – denn vegan ist für viele im Iran ziemlich besonders, wenn nicht sogar befremdlich. Die autodidaktischen Jungköche sind trotzdem sehr überzeugt davon und wollen ihre alternative Essens- und Lebensphilosophie unbedingt mit mehr und mehr Menschen teilen.

Fleischereifachgeschäft, Kermanshah

Das Leben in Gesellschaft von Hossein und seinen Freunden – die Art, wie sie trotz des Systems ihre sehr eigenen Lebensphilosophien verfolgen – erscheint irgendwie ein bisschen leichter, als ich es bisher im Iran oft erlebt habe. Doch als einer der Gäste vom Nachbartisch plötzlich aufsteht und ein Gedicht aufsagt – das er mit Hilfe des Internets auf Deutsch geschrieben hat, obwohl er ansonsten kein Deutsch spricht – bemerke ich, dass auch die veganen Iraner sehr mit dem System kämpfen:

„Jede schöne Sitte ist eine Kette von Gott.
Jede herzliche Sitte ist eine Kette vom Staat.
Ich möchte die Ketten brechen.
Ich möchte die Sitten zerreißen.
So kann ich auch frei sein."

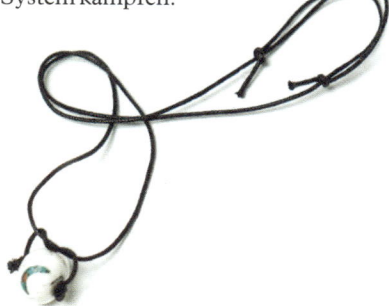

Treppendorf Kang

This will be the best day of our life

Vali's Non-Smoking Homestay – wie der vollständige Name meiner Unterkunft in Mashhad lautet – „The nearest Mashhad gets to a backpacker hostel". Zum ersten Mal auf meiner Reise: viele Backpacker auf einem Haufen, immerhin sechs. Und zum ersten Mal ein Dorm, in dem wir gemeinsam übernachten. Drei Franzosen, ein Deutscher, ein Österreicher und ich. Außer mir: nur Männer. Drei von ihnen auf dem Weg nach Turkmenistan.

Und dazwischen: Vali. Hilfsbereiter Hausherr, exzentrischer Gastgeber, multilingualer Guide, erfahrener Visa-Service-Dienstleister, fliegender Teppichhändler und mit seinen ca. 50 Jahren ganz frischer „Tourism Management Student". Selten sitzt er still. Ständig weiß er Neues aus seinem Leben zu berichten: egal ob zum Frühstück oder zum köstlichen Abendessen, das seine zurückhaltende Frau uns auf der mit Teppichen ausgelegten Veranda serviert. Und jederzeit hat er in seinen vielfältigen Funktionen neue Vorschläge für Aktivitäten in und um Mashhad.

Als Guide fährt Vali mit uns nach Kang: Ein ca. 40 km entferntes Treppendorf, dessen Lehmhäuser übereinander gestapelt an einen Hang gebaut sind – die Terrasse des einen Hauses ist das Dach des darunterliegenden Hauses – und dessen Bewohner Vali so gut kennen, dass wir bereits freudig mit Wildkräutertee und Wassermelone erwartet werden. Gerne wird uns nach dem Tee das traditionelle Wohnkonzept vorgestellt. Unterstes Stockwerk = Kuh-, Ziegen- oder Schafstall. Mittleres Stockwerk = Speicher und Futterlager. Oberstes Stockwerk = Wohnbereich.

Als Teppichhändler führt Vali uns in sein vollgestopftes Büro und Lager: gelegen in einem Gebäudekomplex voll von Teppichhändlern, Teppichrestaurateuren und Teppichlagern. In unmittelbarer Nähe des Heiligen Schreins von Imam Reza. „You know, you have to come here, because from here you can take the best pictures of the shrine complex! And they don't allow you to do that on the street." Ein kurzes Fotoshooting – dann stellt Vali uns erst seine Freunde und danach seine Teppiche vor. Ob wir nicht auch Interesse an einem echten persischen Teppich hätten? So gut und günstig würden wir nie wieder an einen kommen! „No, thank you,

I only have a backpack", wird nicht akzeptiert. Er verschickt seine Teppiche schließlich in die ganze Welt. Vielleicht als ein Geburtstagsgeschenk für meinen Bruder...? Keine schlechte Idee.

„My brother would surely take one if he can fly with it."

„Flying carpet? Not in Iran. For that one, you have to go
     to Afghanistan."

Und schließlich bietet sich Vali uns auch noch in einer ganz neuen Rolle an: als Bergführer. Gemeinsam mit Thierry und mir will er den Shir-a-Bad Mountain – den „Löwen-Wind-Berg" – besteigen, ein über 3.000 m hoher Berg in der Nähe von Mashhad, auf dessen Gipfel es ein kleines Shelter zur Übernachtung geben soll. So richtig viel Erfahrung scheint Vali in dieser Rolle allerdings nicht zu haben: Zwei Tage diskutieren wir, ob und wie wir diese Tour machen können. Selbst am Morgen des geplanten Aufbruchs ist die Diskussion noch nicht beendet. Aber schließlich starten wir doch: Um 13 Uhr holt uns der Fahrer ab. Schnell packen wir unsere Rucksäcke und unterstützen unseren Bergführer Vali darin, die richtige Verpflegungs-Auswahl zu treffen. In zwei Stunden Fahrt durch ein Tal voll blühender Obstbäume geht es bis zum „2nd Fish Pond". Und dann heißt es: Rucksäcke auf – und weiter zu Fuß. „This is wonderful! This will be the best day of our life!", jubelt Vali schon nach 15 Minuten Wanderung. „Tomorrow at the same time, Helena will write in her diary: I have climbed Shir-a-Bad mountain!" Thierry ist nicht ganz so überzeugt: „Let's get there first."

Die Landschaft: geröllig, ziemlich grau, mit alten Schneeflächen und weitem Blick. Der Weg: geröllig, ziemlich steil und gelegentlich sehr rutschig. Nach fast zwei Stunden mühsamer Wanderung können wir unser Wellblech-Shelter für die Nacht auf dem Bergkamm entdecken. Wirkt nah – dauert aber bestimmt noch mal zwei Stunden bis dahin.

Kurz darauf nimmt der „Löwen-Wind" von Shir-a-Bad, der uns seit dem Start der Wanderung entgegenbläst, stark zu. Der Himmel verdunkelt sich rapide. Dann setzen Sturm und Hagel ein. Mit unserer mangelhaften Bergausrüstung: wirklich kein Spaß. Ein paar Höhenmeter erklimmen wir noch. Dann stellt Thierry fest: „This doesn't make any sense at all. Let's go down again." Recht hat er. Ich bin dabei. Auch wenn Vali warnt:

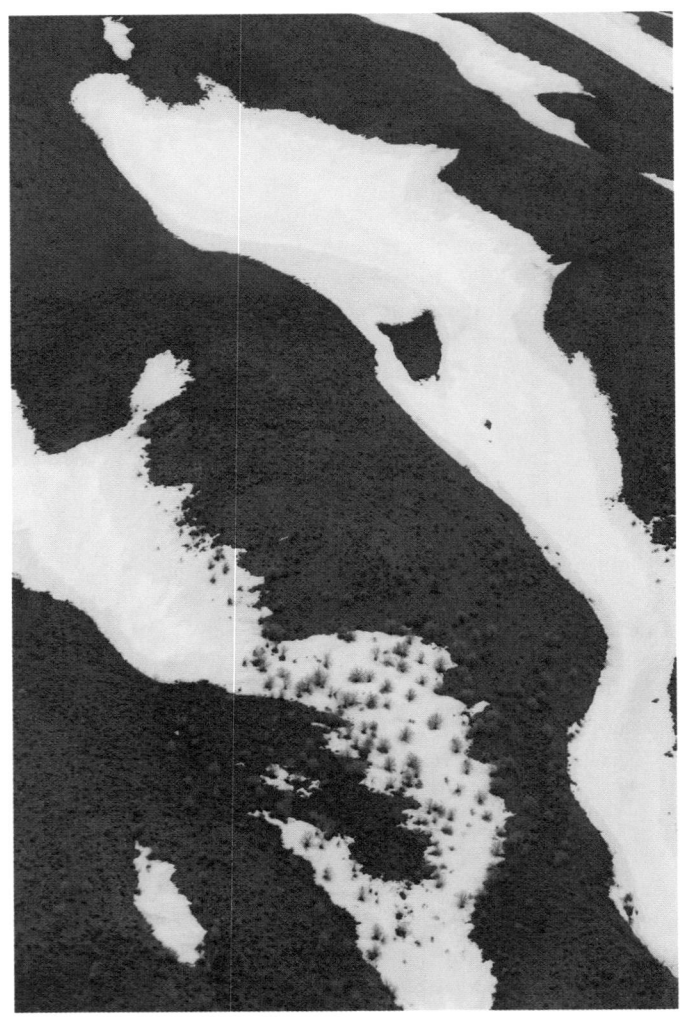

Shir-a-Bad Mountain – Löwen-Wind-Berg

„But we don't have any transport down there. We will have to walk to the next village, which is quite a way. And it gets dark soon." Egal. Wir wollen trotzdem lieber absteigen und im Dunkeln das nächste Dorf suchen, als bei diesem Wetter kalt, durchnässt und müde zu einem Shelter aus Wellblech aufzusteigen.

Auf halber Strecke nach unten begegnen uns sechs iranische Männer, die ebenfalls auf dem Weg zu dem Shelter sind – und gerade diskutieren, ob sie weiter aufsteigen oder umkehren sollen. Trotz wesentlich besserer Ausrüstung und eindeutig mehr Bergsteigererfahrung. Und wo sie uns jetzt so sehen ... drehen sie auch lieber wieder um. Es scheint heute einfach nicht der beste Tag zu sein, um diesen Berg zu besteigen. Dann eben ein anderes Mal, wie sie fröhlich verkünden – auch wenn die gesetzten Herren eigentlich alles dabei haben, was man für eine Nacht in einer kleinen Berghütte bei diesem Wetter braucht: warme Schlafsäcke, trockene Klamotten, ausreichend Essen, Tee, Wodka und Opium. Egal. Dann wird eben der Abstieg zum Spaß: mit viel Gelächter und Witzen – auf Farsi, Englisch und Russisch. Einer von ihnen ist regelmäßig geschäftlich in Russland und sehr erfreut, dass die deutsche Touristin immerhin eine russische Redewendung kennt: „Ochin harascho." – „Sehr gut."

Sehr gut ist für uns auch, dass sie ihren großen Safari-Jeep am „2nd Fish Pond" geparkt haben – und uns gerne auf den hinteren Bänken zwischen sehr viel Gepäck bis zum nächsten Ort mit Bushaltestelle mitnehmen. Draußen gießt es mittlerweile. Drinnen steigen Luftfeuchtigkeit und Stimmung. Mehrmals werden wir zum gemeinsamen Verzehr ihres Berg-Proviants am späteren Abend eingeladen. Aber bis zu Vali's Non-Smoking Homestay ist es noch ein weiter Weg – und wir freuen uns mittlerweile so sehr auf eine warme Dusche, heißen Tee und ein trockenes Bett, dass wir dankend ablehnen.

Im Dauerregen steigen wir an der nächsten Bushaltestelle aus. Gerade ist die Verabschiedungszeremonie beendet, als Vali feststellt, dass sein Schlafsack verschwunden ist. Den hatte er an seinen Rucksack gebunden. Zum Glück können wir den Jeep nochmal anhalten. Aber von einem einzelnen Schlafsack fehlt jede Spur. Nun gut. Wir verabschieden uns also zum zweiten Mal, fröhlich winkend fährt die Wandertruppe ab.

Wenige Minuten später bemerkt Vali, dass nicht nur sein Schlafsack, sondern der komplette Rucksack fehlt. Er hat zwar einen in der Hand – aber den falschen. Und bricht nach kurzem Erschrecken in glückliches Gelächter aus: „You know, the good thing is that there is a better chance for me now to get my sleeping bag back!"

Auch wenn er von keinem der Herren irgendwelche Kontaktdaten hat, ist er sich sicher, dass der Rucksack schon irgendwie zu ihm zurückkommen wird – schließlich kennt hier doch jeder jeden um fünf Ecken. Der Schlafsack hängt dann hoffentlich auch noch dran. Und bis dahin hat jetzt halt jemand anderes die gekochten Eier im Gepäck.

Mashhad – Teheran: You sit there alone!

Nach fünf Tagen Mashhad geht es schließlich mit dem Nachtzug zurück nach Teheran. Hier lerne ich Sara und Hamed kennen: Sie sind auf dem Weg in den kurdischen Teil des Iraks, wo er am Aufbau einer „electronic plant ... by Siemens, but the old model" mitarbeitet, und sie das Leben frustrierend findet.

Schnell kommen wir ins Gespräch – schnell werden politische Meinungen ausgetauscht. Sie berichten, dass es den Leuten in ihrer neuen Heimatstadt im Irak momentan wirtschaftlich wesentlich besser gehe als den meisten Iranern: „They have a lot of money there." Trotzdem fühlen sie sich nicht wohl. Ihrer Meinung nach würden die Amerikaner dort versuchen, ein zweites Palästina aufzubauen. Und das sei nicht ihr Land. Sie möchten lieber wieder zurück in den Iran ziehen, auch wenn ihnen die aktuelle Situation in ihrem Heimatland ebenfalls nicht besonders gut gefällt: „Four years ago, it was great! We had the ‚green revolution', everyone was optimistic. But they destroyed it all, all the movement, the new spirit. This year, we'll definitely not vote again. It's not worth it." Und trotzdem ist der Iran für sie immer noch das bessere Land zum Leben.

Wir fahren in den Bahnhof von Teheran ein.

„Where do you go now?"

„Qazvin. My train leaves in two and a half hours."

„To Qazvin, and you have to wait for two and a half hours?!?
The bus ride from Tehran only takes two and a half hours!
And there are lots of buses."

Meine Wartezeit auf den Anschlusszug ist für sie absolut nicht tragbar. Stattdessen soll ich mitkommen: Ihr Vater holt sie ab. Selbstverständlich bringt er mich gerne durch die halbe Stadt zum Busbahnhof, wo regelmäßig Busse nach Qazvin abfahren. Und – ja! – ganz bestimmt soll ich dabei auf dem Beifahrersitz Platz nehmen, während sie sich zu zweit mit meinem großen Rucksack auf die Rückbank des kleinen Autos quetschen. Kritisch inspizieren sie die Busse, bis sie endlich einen für „okay" befinden. Mein Rucksack nimmt auf dem Sitz neben mir Platz. Hamed spricht mit dem Busfahrer, ruft mir quer durch den Bus zu: „You sit there alone! We have already paid. Call us when you've reached Qazvin. Please don't forget." Und springt raus – denn der Busfahrer hat schon den Motor angelassen.

Ich habe gar keine Chance mehr zu erklären, dass ich durchaus selbst für mein Busticket bezahlen kann und möchte. Es bleibt mir nur noch zu rufen: „Thank you very much – khaili mamnun!" Und mich pflichtbewusst bei ihnen zu melden, sobald ich in Qazvin angekommen bin.

Nachtzug Mashhad – Teheran

Masjed-e Jameh – Freitags-Moschee, Esfahan

5 Wochen Iran:
Frauen und Männer

Zusammen getrennt

Nach fünf Wochen Iran muss ich feststellen, dass ich die Logik, wann Frauen und Männer sich voneinander getrennt aufzuhalten haben, immer noch nicht durchschaut habe. In Badehäusern und zum Gebet in Moscheen gibt es eine klare Trennung. Logisch. In Schulen auch – in Universitäten allerdings nicht. Teehäuser gibt es wahlweise „nur für Männer", mit getrennten Bereichen für Männer und Familien – wobei kein Paar seine familiäre Beziehung nachweisen muss – oder auch komplett bunt gemischt. Hochzeiten sind wiederum getrennt zu feiern. Zumindest in den meisten Fällen, solange sich die Gesellschaft in angemieteten Sälen befindet und nicht ins Private umzieht.

Definitiv am unklarsten aber werden die Regeln für mich in öffentlichen Transportmitteln: In städtischen Bussen, die kurze Strecken fahren, sitzen Männer vorne und Frauen hinten. In Überlandbussen, die über 20 Stunden unterwegs sein können, nehmen Paare nebeneinander Platz, alleinreisende Frauen werden neben Frauen, Männer neben Männern platziert – allerdings egal ob vorne oder hinten im Bus. Und in den Schlafwagen der Bahn, in denen man sich neben- und übereinander auf Liegen bettet, gibt es schließlich gar keine vorgeschriebene Trennung mehr.

Viele Mädchen und Frauen haben mir berichtet, dass sie weite Strecken nicht alleine, sondern nur in Begleitung von einem männlichen Familienmitglied reisen dürfen. In weniger konservativen Familien wird ihnen das Alleinreisen allerdings mittlerweile erlaubt. Gleichzeitig scheint es Männer zu geben, denen es unangenehm ist, mit nicht-verwandten iranischen Frauen in einem Auto erwischt zu werden – zumindest bittet ein privater Taxifahrer mich und Sanaz sehr eindringlich, dass wir beide ab jetzt nur noch wie Touristinnen Englisch sprechen sollen, als sein Auto eine Panne hat und er unbekannte Männer zur Hilfe holen muss. Andererseits hat sich das Gerücht, dass fremde Frauen und Männer in der Öffentlichkeit auf keinen Fall miteinander reden dürfen, definitiv nicht bestätigt. Im Gegenteil: Ich werde ständig von fremden Männern auf der Straße angesprochen – und auch die Iranerinnen und Iraner unterhalten sich lebhaft.

Beim Ausüben von Sportarten gibt es wiederum eine sehr klare Trennung von Mann und Frau. Beim Angucken von Sportarten scheint allerdings schon wieder nicht mehr ganz so klar zu sein, ob Frauen Männern und Männer Frauen beim Sport nun live oder am Bildschirm zugucken dürfen. Zumindest höre ich je nach Sportart und Zeitpunkt sehr unterschiedliche Regeln dazu. Und es scheiden sich die Geister, ob Fahrradfahren auf offener Straße für Frauen mittlerweile erlaubt ist. Trampolinspringen in der Öffentlichkeit wurde Sanaz und mir an der Cruising-Straße von Gorgan auf jeden Fall untersagt – wenn auch mit mehrmaliger Entschuldigung von dem Betreiber des kleinen Amusement-Parks.

Eins kann ich nach fünf Wochen Iran allerdings eindeutig feststellen: dass die meisten Frauen, die ich hier getroffen habe, sehr stark, gebildet und selbstbewusst sind. Dass sie sich bestimmt an einige Vorschriften halten – aber definitiv nicht alles mit sich machen lassen.

Geschlechtsspezifische Türklopfer Damit nicht versehentlich ein Mann einer Frau
oder eine Frau einem Mann die Tür öffnet, wurden früher im Iran zwei Türklopfer mit
unterschiedlichem Klang angebracht. Frauen baten mit dem Ring, Männer mit
dem Stab um Einlass. Heute: nur noch als dekorative Elemente im Einsatz.

Toilettenbeschilderung, Persepolis

قزوین

Qazvin

Caspin / Ghazvin / Kaswin / Qazvīn / Qazwin

342.000 Einwohner

1.301 m Höhe

Tag 37 – 40

Alte Hauptstadt
In der Nähe: Castles of the Assassins, Alamut Valley

Vater & Sohn
Muslime & Christen

We love all the people!

Laut Reiseführer ist die alte Hauptstadt Qazvin keine große Touristenattraktion. Aber sie liegt in der Nähe des spektakulären Alamut Valley
am Rande der Alborz Mountains, was sie für Outdoor-Fans attraktiv
macht. Und ein paar Sehenswürdigkeiten und nette Straßen gibt es in
dieser Stadt durchaus zu entdecken.

Im Hotel lerne ich Guillaume kennen: ein Franzose, der bereits zum
zweiten Mal den Iran bereist. Gemeinsam streifen wir durch die Stadt,
lassen uns durch das abendliche Qazvin treiben. Und begegnen Aziz.

Aziz ist Mitte 50, betreibt einen kleinen Laden in einer der bunten Einkaufsstraßen: für Verpackungen und Plastiktüten jeglicher Art, Couleur
und westlicher Marke – sehr frei interpretiert und gestaltet von Designern
der copyrightfreien Zone Iran.

Er ist ein ruhiger, zurückgezogener Mann, der sofort aufspringt und vor
Begeisterung strahlt, als wir seinen Laden betreten.

„Salam! Bebachschid, mitunam aks begiram?" –

„Hallo! Entschuldigung, darf ich ein Foto machen?"

„Of course – yes, please! Where are you from?",

ist die sofortige Antwort, in perfektem Englisch.

„Do you want tea? Please sit down, please! I'm so happy you are
here. I will make tea for you! Sit down, please!"

Der Wasserkocher wird sofort angestellt. Während wir ein paar Fotos
schießen, redet Aziz aufgeregt weiter, teilt uns ohne große Umschweife
seine Meinung zur aktuellen Lage im Iran mit: „This country is so bad at
the moment. Our government is so bad. We hate it! Please tell everyone
in your country that we hate our government! And that we love all the
people: Iranians, Israelis, Germans, French, Americans – we really love
Americans – it doesn't matter who! We really love all the people! Except
our government. But we cannot do anything against it. Please tell this to
everyone. I'm so happy that you are here. You make me very happy!"

Aziz zeigt uns seinen kanadischen Pass. Viele Jahre hat er mit seiner
Familie in Kanada gelebt. Aus familiären Gründen sind sie vor einer
Weile in den Iran zurückgekehrt – außer seiner Tochter. Er schwärmt

" WE
REALLY
AMERi

Bazar, Qazvin

begeistert von seiner kanadischen Zeit. Den Pass hat er ja noch – kann er denn dann nicht ziemlich einfach zurückkehren? „I could, and I would love to. But it is far too expensive for us to go there at the moment. So for now, I have to stay here and see how things develop."

Es wird Tee nachgeschenkt. Aziz scheint sich wirklich sehr über unsere Anwesenheit zu freuen, verlängert das Teetrinken immer wieder, möchte das Gespräch mit uns auch noch in den Abend ausweiten: „I will close my shop in about 30 minutes. And I have a car. Would you like to go on a ride around town with me tonight?"

Und so wird aus einem kurzen Foto eine ganze Nacht mit Aziz und Reza, seinem 23-jährigen Sohn, den wir auf dem Weg aufgabeln: Gemeinsam cruisen wir durch die Stadt, tauschen uns über das Leben, Philosophie, Politik und Religion aus. Nebenbei zeigen sie uns den neu angelegten Stadtpark, verpflegen uns mit übergroßen Portionen traditioneller Eiscreme, führen uns zu einem Schrein und sorgen dafür, dass wir noch schnell Masjed-e Jameh, die Freitags-Moschee der Stadt, besichtigen können, die eigentlich gerade geschlossen werden soll.

Ob sie selbst gläubig sind? Nein, nicht wirklich. Und wenn, dann würde sich Reza als Zoroastrier bezeichnen. Was er allerdings nicht öffentlich zeigen kann, da dies für ihn als „eingetragener Muslim" tödlich sein könnte: Der Zoroastrismus ist zwar eine legale Religion im Iran, auf die Konversion vom Islam zu einer anderen Religion droht allerdings die Todesstrafe. Und während Reza noch von solch lebensbedrohlichen Themen berichtet, unterbricht er sich plötzlich selbst – denn trotz allem sorgt er sich doch viel mehr um unser als um sein Wohlbefinden: „I see you have very dry hands. I can fix this for you with vitamine cream. Please remind me later to give it to you. That is one thing I would really like to do for you!"

" I SEE YOU HAVE VERY DRY HANDS. I CAN FIX THIS FOR YOU. "

Muslims are not allowed

Am nächsten Tag mache ich mich auf den Weg, die heilige Stätte einer anderen religiösen Minderheit im Iran zu besuchen: eine christlich-armenische Kirche im Herzen der Stadt. Unterwegs lerne ich zwei Studenten kennen, die mich spontan durch die Straßen führen. Vor einem sehr großen Metalltor mit einer sehr kleinen Eingangstür und einem handgeschriebenen Hinweisschild auf Farsi bleiben sie stehen.

„It's here. But we are sorry, we have to go now."

„You don't want to see the church?"

„We would like to. But the sign says: Muslims are not allowed
to enter."

Sehr irritiert von diesem Verbot – denn schließlich wurde ich als „eingetragene Christin" bis jetzt in allen iranischen Moscheen willkommen geheißen, durfte sogar den heiligen Schrein von Imam Reza besuchen – klingele ich. Nach kurzer Vorstellung per Gegensprechanlage wird geöffnet. Die Studenten winken zum Abschied, und ich trete durch die kleine Tür in einen großen Innenhof.

Etwas misstrauisch blicke ich mich um – und werde von drei Frauen mittleren Alters sehr freundlich und überrascht, dass eine Touristin den Weg zu ihrer Kirche gefunden hat, begrüßt. Sie tragen keine Kopftücher, sondern gepflegte Kurzhaarschnitte, sitzen rauchend in ihrem wunderbar grünen und ruhigen Innenhof mitten in der Stadt und tauschen sich gerade über die Neuigkeiten in ihrem Leben aus.

Ob ich ihre Kirche besichtigen darf? Natürlich – sehr gerne! Sofort wird der Schlüssel geholt, die Kerzen werden ausgepackt. „Would you like to say a prayer, make a wish? You can light a candle, if you like, one or more." Begeistert zeigen sie mir ihr kleines Gebetshaus, erklären mir die Besonderheiten des armenischen Christentums, ihre eigene Sprache, ihre Strukturen im Iran.

Und nach der Führung soll ich bitte unbedingt noch zum Tee bleiben, denn Besuch aus dem Ausland haben sie schließlich nicht alle Tage. Dabei erfahre ich, dass sie aktuell 30 Gemeindemitglieder haben und weitere 30 armenische Studenten aus dem ganzen Land in ihrem Wohn-

Moschee, Qazvin

heim beherbergen. Eine kleine Gemeinde – mit engem Zusammenhalt.

„Is it very difficult for you as Christians to live in a Muslim country?"

„No, no problem", ist die prompte Antwort.

„Only Hijab – that is really bothering us."

Interessant. Und trotzdem lassen sie keine Muslime in ihr Reich, scheinen ein tiefes Misstrauen gegen sie zu pflegen, warnen mich im weiteren Gespräch sogar vor ihnen: Falls ich jemals heiraten sollte, müsste mein Ehemann unbedingt ein Christ und auf keinen Fall ein Muslim sein. Allein schon diese seltsame Art, wie die Muslime beten würden – dieses ständige Hoch und Runter – das sei so anders als ein christliches Gebet, das könne einfach nicht zusammenpassen.

Zum Abschied drücken sie mir einen „good luck"-Schlüsselanhänger in die Hand, und ein Jesus-Bild aus ihrer Sammlung von Heiligenbildern muss ich mir dringend auch noch aussuchen: „Thank you so much for your visit! Please take good care of yourself, your money, your camera ... and especially your gold! And please remember: You can trust all Christians in Iran, but there are some bad Muslims in this country. So, take good care."

"TAKE GOOD CARE OF YOURSELF, YOUR MONEY, YOUR CAMERA... AND ESPECIALLY YOUR GOLD."

6 Wochen Iran: Chay!

Die Farbe des Tees

„Chay?" – „Tea?" – „Tee?"

Ja bitte! Morgens, mittags, abends. Und dazwischen: noch mehr Tee. Überall: zuhause, im Hotel – mit zusätzlichem Heißwasser-Service für die Teekanne auf dem Zimmer – beim Picknick, im Bus, im Zug, im Geschäft, im Bazar, von fliegenden Händlern im Park oder an der Straße. Und natürlich in den vielen Chaykhaneh, den Teehäusern, die es nicht nur in Gebäuden, sondern auch als eine Ansammlung von kleinen Plastik-Teezelten für zwei bis sechs Personen gibt, gerne mit ergänzendem Wasserpfeifen-Angebot. Meist wird der Tee im Glas serviert, manchmal in einer Porzellantasse, gelegentlich in dünnen Einweg-Plastikbechern. Fast immer schwarz. Sehr selten grün. Noch seltener aus Kräutern. Dazu: Ghand – dicke, weiße Zuckerstückchen, die kurz in den Tee getaucht und dann zwischen die Zähne gesteckt werden, um den Tee durch den Zucker zu trinken. Kinder werden ebenfalls auf diese Art mit Tee und Zucker gefüttert. Gelegentlich werfen die Iraner den Zucker auch direkt ins Glas. Und zu besonderen Anlässen werden ausgefallenere Formen von Zucker gereicht, z.B. dünne Zuckerplättchen, verfeinert mit Gewürzen. Auf jeden Fall gibt es immer ausreichend Zucker. Und Milch dazu? Nein. Niemals.

Die Zubereitung erfolgt direkt im Teeglas, nach dem 2-Komponenten-Prinzip: ein bisschen von dem lange gezogenen, starken schwarzen Tee aus der kleinen Kanne plus ausreichend heißes Wasser aus dem großen Kessel, auf dem die kleine Kanne oft warmgehalten wird. Entscheidend für das Mischverhältnis: die Farbe des Tees. Auf keinen Fall zu hell – aber auch nicht zu dunkel. Ganz wichtig. Das gilt auch, wenn der Tee ausnahmsweise mal nach dem 1-Komponenten-Prinzip, mit Teebeuteln in nur einer Kanne, zubereitet wird: Sollte seine Farbe noch nicht stimmen, wird der eingeschenkte Tee sofort wieder in die Kanne zurückgeschüttet.

Angebaut wird Tee auch im Iran. Getrunken wird hier allerdings lieber der Tee aus Indien. Selbst im Bazar ist einheimischer Tee absolut unterrepräsentiert.

Und Kaffee? Ist bekannt. Wird aber selten konsumiert. Einmal bietet mir eine Familie Nescafé an. In Gorgan fragt Sanaz interessiert, ob ich ihr die Zubereitung von echtem italienischem Kaffee zeigen könne – es fehlen uns dann aber die Utensilien dazu. In Teheran und anderen Großstädten ist echter Kaffee durchaus in ein paar Cafés nach westlichem Muster zu finden. In kleineren Orten allerdings: definitiv nicht im Angebot.

Chaykhaneh – Teehaus, Kordestan

Outdoor Chaykhaneh – Teehaus, bei Qazvin

کرمانشاه

Kermanshah

Kermānschāh / Kermānshāh / Kermānshāhān / Kirmaşan /

Kirmashan / Qahremānshah

765.000 Einwohner

1.330 m Höhe

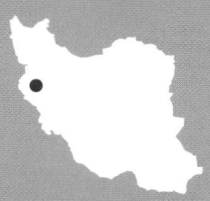

Tag 41 – 42

Felswände mit Reliefs
Bisotun & Taq-e Bustan

Kein Mann. Kein Vater. Kein Bruder.
Xatarnak!

Alleine. Als Frau. Im Iran.

Zum ersten Mal fühle ich mich wirklich allein auf dieser Reise – allein als fremde Frau in einem fremden Land. Wahrscheinlich liegt es nur an mir und meiner Wahrnehmung. Aber seitdem ich in Kermanshah angekommen bin, habe ich das Gefühl, dass ich wie ein Alien angestarrt werde: eine seltsame Frau aus dem Westen in einer kaum touristischen Region des Iran. Hier wird es mir plötzlich zum ersten Mal sehr bewusst.

Wenn ich nach dem Weg frage, erhalte ich als Antwort erstmal nur Gegenfragen: „Is it only you? You, alone? Where is your husband? Your father? Your brother?"

Wenn ich – wie in allen anderen Städten bisher auch – alleine durch die Straßen streife, habe ich das Gefühl, dass mir komische Blicke folgen. Ein Mann hupt neben mir und lädt mich ein, mit ihm durch die Stadt zu fahren. Erschrocken schütteln die Frauen um mich herum ihre Köpfe. Natürlich lehne ich das Angebot ab. Und fühle mich gleichzeitig noch einsamer in dieser Stadt.

Dass mich auch hier auf der Straße wildfremde Menschen mit den freundlichen Worten „Welcome to Iran! Welcome to Kermanshah!" begrüßen, kommt gar nicht bei mir an. Stattdessen bin ich zum ersten Mal froh, ein Kopftuch zu tragen. Ich halte mich daran fest. Verstecke mich hinter meiner Sonnenbrille. Mache zu. Fühle mich nicht wohl in meiner Haut. Und will das eigentlich alles gar nicht. Möchte dem Land weiterhin so offen begegnen wie seit Wochen.

Also versuche ich so zu tun, als sei nichts, und mache mich auf den Weg: mit dem Minibus nach Bisotun – eine nahegelegene „World Heritage Site", an der heute an jedem nur erdenklichen Platz gepicknickt und gezeltet wird. Denn es ist Freitag, die Sonne scheint und es herrscht ausgelassene Wochenendstimmung.

Aber selbst die nehme ich heute nicht wahr. Auch inmitten von fröhlichen iranischen Großfamilien fühle ich mich verloren. Und versuche gleichzeitig, stark zu sein. Setze mein Sightseeing-Programm fort, ignoriere für die Rückfahrt sogar eine Standardwarnung und steige alleine in ein inoffizielles Taxi: „Zur zweiten großen Sehenswürdigkeit, bitte: Taq-e Bustan."

Der Taxifahrer guckt mich mit großen Augen an, nickt aber und fährt los. Er heißt Ali, ist 30 Jahre alt. Und hört die ganze Fahrt über den immergleichen iranisch-englischen Rapsong.

„Dust dari?" – „Gefällt er dir?"

Ja. Einmal ist der Song gut. Ali stellt ihn zum siebten Mal von vorne an.

„Schohar? Baradar? Pedar?" – „Ehemann? Bruder? Vater?"

Schon wieder diese Fragen. Nein. Keiner von denen begleitet mich. Keiner von denen passt auf mich auf. Ich bin eine Frau – und reise tatsächlich alleine im Iran.

Alis Augen weiten sich. Plötzlich sehr aufgeregt wiederholt er mehrmals einen Satz auf Farsi, von dem ich nur „Taq-e Bustan" verstehe. Ja, da möchte ich hin. Richtig. Warum die Aufregung? „Ne mifahmam, Ali." – „Ich verstehe dich nicht, Ali." Also formuliert er den Satz um. Immer wieder. Solange, bis ich endlich verstanden habe, was er mir so dringend mitteilen möchte: dass ich Taq-e Bustan nicht besuchen könne. Nicht alleine. Undenkbar. „Xatarnak!" – „Gefährlich!" Auch wenn bei einem Blick aus dem Autofenster rund um Taq-e Bustan ebenfalls nur fröhliche Freitags-Picknicker zu sehen sind. Das ist Ali egal, er beharrt darauf: „Xatarnak!" Diese Menschen seien Familien – ich sei alleine. Eine Frau. Aus dem Ausland. Das sei viel zu gefährlich. „Sie" würden mich schlagen. Wer auch immer „sie" sind. Ali hört nicht auf, die Warnungen zu wiederholen. Hält sogar an, um sie mit entsprechenden Box-Gesten zu untermalen. Benutzt mein kleines Notizbuch, um seine Horrorszenarien aufzuzeichnen.

Schließlich habe ich genug von dem Versuch, mich und einen Einheimischen davon zu überzeugen, dass es hier nicht gefährlich ist. Ich gebe auf. Steige nicht aus dem Taxi, um gemeinsam mit den vielen einheimischen Wochenend-Ausflüglern Taq-e Bustan zu erkunden. Sondern lasse mich mitten am Tag direkt zum Hotel zurückbringen.

Für den Rest des Tages schließe ich mich in meinem Hotelzimmer ein. Gucke Staatsfernsehen, in dem heute die Paraden zum „Military Day" in Teheran laufen. Und frage mich, ob mein Plan, am nächsten Tag in noch weniger touristische Orte weiterzufahren, wirklich eine gute Idee ist. Oder ob ich nicht doch besser auf die einigermaßen touristischen Pfade des Landes zurückkehren sollte.

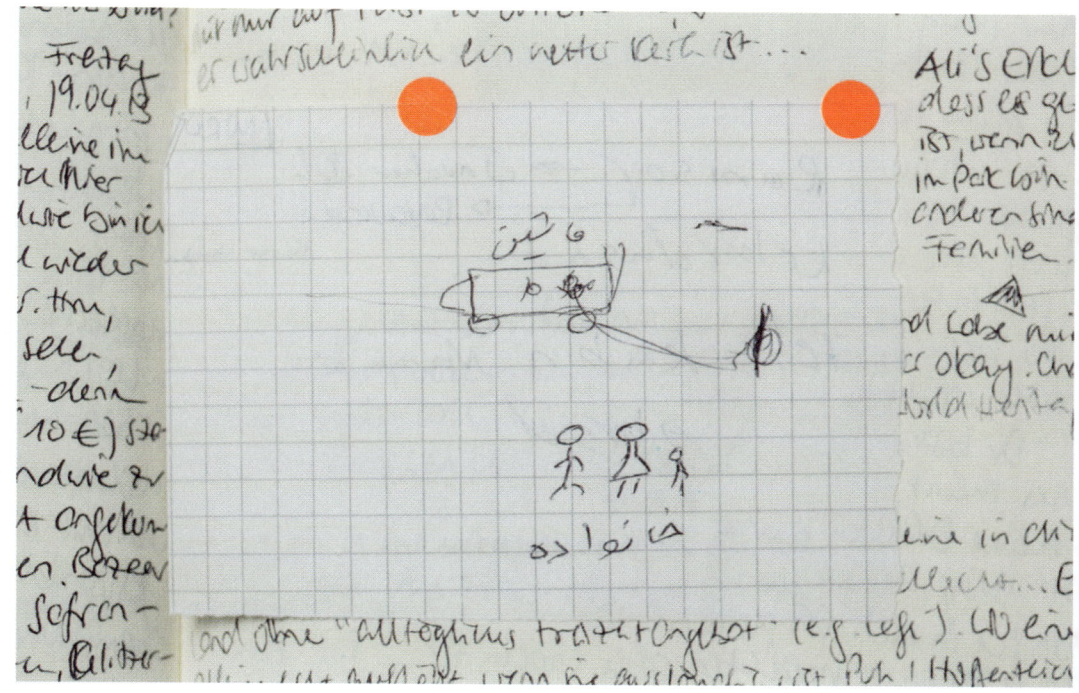

Warn-Zeichnungen von Ali

Abends entdecke ich in meinem Rucksack ein paar übrig gebliebene Yogi-Teebeutel aus Deutschland. Von dem freundlichen Hotelangestellten an der Rezeption – „I am so sorry I have to work! I would love to show you my wonderful city!" – lasse ich mir eine Kanne heißes Wasser geben. Und beschließe vor dem Einschlafen, heute ausnahmsweise mal dem Teebeutel-Zettel-Orakel zu vertrauen: „Geh mit aufrechtem Gang" steht da. Ich werde meine Reise morgen also wie geplant fortsetzen.
Auf nach Kordestan!

Kermanshah

پاوه

Paveh

Pāveh / Pawah / Pawe / Pāweh

13.700 Einwohner

1.520 m Höhe

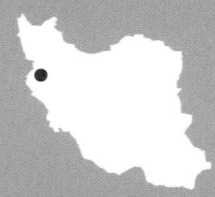

Tag 43 – 47

Grüne Berglandschaft
An der Grenze zum Irak

4,5 Einladungen pro Tag
25x „Are you married?"
Bayern : Barcelona – 4:0
ZDF-Frühlingsshow mit Andrea Kiewel

„Miss Helena" oder: Das Gefühl, eine Botschafterin des Auslands zu sein

Mit dem Savari (Sammeltaxi) geht es in nur zweieinhalb Stunden durch die kurdischen Hügel und Berge nach Paveh. Eine Kleinstadt in der kurdischen Region Howraman, an der Grenze zum Irak. Von hier aus soll es möglich sein, in das spektakuläre, aber wenig besuchte Howraman Valley zu gelangen – mein nächstes Etappenziel. Ich weiß nicht genau, ob und wo es in dieser Kleinstadt ein Hotel gibt. Also bitte ich den Sammeltaxifahrer, mich einfach mitten in der Stadt rauszulassen. Jemand wird mir dann schon weiterhelfen.

„No hotel?"

„Na, nemidunam kodja." – „Nein, ich weiß nicht wo."

Das gefällt ihm gar nicht – und so lässt er mich auch auf gar keinen Fall aussteigen. Stattdessen nimmt er sich lieber selbst der Aufgabe an, jemanden zu suchen, der weiterhelfen kann. Fragt sich so lange durch den Ort, bis er mich schließlich im offensichtlich einzigen Hotel Pavehs untergebracht hat. Eine Stunde Arbeit, für die er am liebsten gar kein Geld annehmen möchte – und ganz bestimmt nicht mehr als 1.000 Toman (ca. 0,22 EUR).

Das Hotel liegt am oberen Ende des Ortes, wirkt neu und „upper class". Stolz präsentiert mir der Besitzer den wunderschönen Ausblick von der Hotelterrasse und verkündet mit einem Wink zur nahegelegenen Bergkette: „Behind that one is Irak." Ob er da Verwandte oder Bekannte hat? „Yes, of course, many!"

Ich richte mich in meinem viel zu großen Zimmer ein: fantastischer Ausblick, sprudelnde Eckbadewanne. An vielen Einrichtungsstücken kleben noch die Schilder der Hersteller. Die werden zwar in vielen iranischen Haushalten selbst nach Jahren nicht abgezogen – es ist scheinbar dekorativ und wahrscheinlich auch repräsentativ, dass der Flatscreen-Fernseher nicht nur LED, LCD, USB, DVD, HDMI ... hat, sondern auch damit ausgezeichnet ist – aber hier ist tatsächlich alles neu.

Mit dem Plan, eine Nacht zu bleiben, aber heute noch ein Transportmittel zu finden, das mich am nächsten Morgen weiter in das Howraman

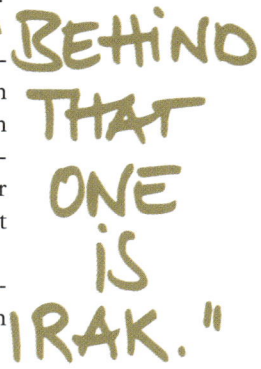

Kaninchenverkauf an der Hauptstraße, Paveh

"MISS HELENA IS SO KIND TO BE OUR GUEST TODAY."

Valley bringt, laufe ich in den Ort. Ein Plan, der sich bereits eine halbe Stunde später schon wieder vollkommen in Luft auflöst: Neben mir hupt ein Auto, aus dem mich vier lächelnde Gesichter anstrahlen. „Hello, how are you? Where are you from? Where are you going?" Ein kurzes Gespräch – und schon beschließt die Familie: „Get in, please. You are our guest now. Let us show you Paveh. You are invited for lunch at our house, of course. And if you like, you can also stay with us overnight. It would be a great pleasure for us. You are really very welcome. Get in, please! Welcome to Paveh!"

Und so lerne ich Ali, seine Frau Sara und ihre zwei Töchter kennen. Und aus einer Nacht Stop-over in Paveh werden fünf unvergessliche Tage in Paveh. Denn ab jetzt gilt im ganzen Ort: „You are our guest now. And it's our duty to take care of a guest in our town."

Mein Hotelzimmer kann ich also direkt wieder räumen – sehr zum Bedauern des stolzen Hotelbesitzers. Und zum Nachmittag werde ich von einer der zwei privaten Englisch-Schulen im Ort eingeladen, als „special guest" an ihrem Unterricht teilzunehmen. Verschiedene Altersstufen werden hier unterrichtet, die Mädchen an geraden, die Jungen an ungeraden Tagen. Für eine relativ geringe Gebühr, ergänzend zur Schule, in der sie angeblich nur Englisch lesen und schreiben, aber nicht sprechen lernen.

An diesem Tag wird der Unterrichtsplan spontan umgeschmissen. Die verschiedenen Stufen werden zusammengelegt – schließlich sollen möglichst alle Schüler den Besuch des „special guest" miterleben können. Denn: „Miss Helena is so kind to be our guest today. You can ask her any question you like. This is your chance to talk to a foreigner!"

Und so sitze ich nacheinander vor drei Klassen sehr aufgeweckter Teenager, die „Miss Helena" in gutem Englisch sehr neugierig sehr viele Fragen stellen.

„Where are you from?" – „Are you married or single?" – „How old are you?" – „Do you like Iran?" – „Do you like Paveh?" – „What is your idea about Iranian people?" – „Do you like Iranian food?" – „What is your job?" – „Which music do you like?" – „Do you like football?"

Das sind die Top 10 der Schülerfragen. Und die beantworte ich ab jetzt mehrmals täglich. Denn „Miss Helena" nimmt von nun an jeden Tag an diversen Englischstunden teil. Auch zum Unterricht der anderen Englisch-Schule werde ich eingeladen. Und gelegentlich werden die Unterhaltungen etwas philosophischer: „Miss Helena, what is the most important thing for you in life?" – „What do you think about life and death?" Jede Unterrichtsstunde beginnt wie üblich mit den Worten „In the name of God, the Compassionate, the Merciful" – und endet ganz unüblich mit langen Fotosessions. Einige Schüler verlangen sogar Autogrammstunden, halten mir ihr Englischbuch und einen Stift hin: „Can you write down your name? And your Facebook ID? And your e-mail address? And sign! Yes, please, your signature, here!"

Die Mädchen sind auf den ersten Blick eindeutig neugieriger und weniger schüchtern als die Jungen. Aber beim zweiten Treffen sind auch die schon etwas aufgetaut, haben neue Fragen gesammelt und notiert. Für besonders große Überraschung sorgt bei allen, dass ich mit 35 Jahren keinen Ehemann, kein Auto und – ganz besonders seltsam! – keinen Fernseher habe. Ich versuche ihnen zu erklären, dass ich damit nicht unbedingt „dem Deutschen" entspreche. Aber es bleibt trotzdem hängen: „No man, no car, no TV …?!? What do you do?"

Der Fernseher ist hier bei vielen Familien fast immer an. Satellite TV, versteht sich. Da wird auch mal mitten am Tag und ohne ein Wort Deutsch zu verstehen die „ZDF Frühlingsshow mit Andrea Kiewel" geguckt – wobei ich wiederum bemüht bin zu vermitteln, dass Rentner in Sandalen mit weißen Socken auf Gran Canaria ebenfalls nicht „den Deutschen" repräsentieren. Und ein paar Tage später gucken wir das Champions-League-Halbfinale – Bayern „Munich" gegen Barcelona, 4:0 – zu dem ich tagsüber bereits mit einer Jungenklasse Wetten abgeschlossen habe.

Ich werde durch den Ort gereicht, von einer Familie zur nächsten: zum Mittagessen, Tee, Abendessen, Übernachten. Ganz egal, ob die Familien reich oder arm sind, ob sie in einem modernen oder einem traditionellen Haus mit Kuhstall im Untergeschoss wohnen, ich erhalte so viele Einladungen, dass ich gar nicht alle annehmen kann. Und selbstverständlich möchten alle ihrem Gast nur das Beste bieten. Das bedeutet für mich: ein paar neue kurdische Spezialitäten – und zweimal täglich Reis mit Huhn.

Paveh

Kurdish dress: Kopfbedeckungen für Frau & Mann, Paveh

Sattsein wird nicht akzeptiert. „You should eat like Iranians!" Und der Teller ist zum dritten Mal gefüllt.

Dazwischen zeigen mir wechselnde Personen die umliegende Gegend, den Ort, ihr Zuhause – stellen mir ihre Verwandten und Freunde vor. Einige von ihnen sprechen nur Kurdisch, so dass wir noch nicht einmal mit Hilfe meiner geringen Farsikenntnisse kommunizieren können. Ihre Freude über den ausländischen Besuch mindert das allerdings nicht. Viele von ihnen sind traditionell gekleidet: „Kurdish dress". Die Frauen in langen, gemusterten Kleidern, die sie für besondere Anlässe in noch farbenfroheren und glitzernderen Varianten im Schrank haben. Die Männer in bedeckten Farben, in pludrigen Shalvar-Hosen mit Kummerbund und den dazu passenden Oberteilen. An kälteren Tagen tragen einige der älteren Herren darüber ein Kolobal: eine braun-graue Filzjacke mit spitz hochstehenden Schultern.

Jeden Tag steht ein großer Pulk Männer auf dem zentralen Platz des Ortes: Hier trifft ‚Mann' sich offensichtlich, verbringt einige Stunden des Tages, tauscht sich aus, macht Geschäfte. Ob ich sie fotografieren darf? Natürlich, sehr gerne sogar! Sie strahlen in die Kamera. Ein älterer Herr preist sich gewinnend an: Er sei reich – und möchte bitte unbedingt von mir nach Deutschland mitgenommen werden. Um Geld müsse ich mir dabei gar keine Sorgen machen, das habe er wirklich genug. Ob er also bitte mitkommen dürfe …?

An den Abenden führe ich mit meinen Gastgebern Gespräche über die politische und wirtschaftliche Lage im Land. Viele sind von der aktuellen Situation im Iran frustriert. Sie fragen mich aus über Leben, Politik, Wirtschaft und Sozialsystem in Deutschland. Ob es stimme, was die offiziellen Medien im Iran behaupten, dass wir auch eine Wirtschaftskrise in Deutschland hätten? „Yes, but compared to your situation it's nothing, I guess." Ich erfahre, wie schwer es die Kurden im Iran haben. Die meisten von ihnen gehören der sunnitischen Minderheit an – was im schiitisch-islamischen Staat ein großes Hindernis sein kann, z.B. bei der Jobsuche. Und einer meiner Gastgeber berichtet sogar von der Hinrichtung seines Bruders vor vielen Jahren: Als Teenager schloss sich sein Bruder einer kurdischen Separatistenbewegung an, ging in die Berge.

Sehr bald trennte er sich allerdings wieder von ihr und kehrte nach Paveh zurück – wo er sofort festgenommen wurde. Nach drei Jahren Gefängnis wurde er hingerichtet. Da war er gerade 18 Jahre alt geworden.

Die Teenager, die mir heute hier begegnen, scheinen nicht derart politisch zu sein. Was nicht bedeutet, dass sie keine überzeugten Kurden sind, denn sie tun alles dafür, mir ihre Kultur mit sehr großer Begeisterung näherzubringen: Eine Mädchenklasse lädt mich zum „traditional Kurdish lunch" ein – und zwar bei der Mutter, die das „best Kurdish food in town!" macht. Zur Feier des Tages tragen sie alle ihre schönsten „Kurdish dresses". Und nach dem Essen steht „Do you want to learn Kurdish dance?" auf dem Programm: im Wohnzimmer, so lange bis ich einigermaßen mithalten kann. Und sie beschließen, mir noch schnell das kurdische Nachbardorf zu zeigen. Denn schließlich sei die Landschaft da noch viel schöner, und ich müsse bei dieser Gelegenheit unbedingt auch noch Sabas Großeltern kennenlernen. „I think most of the people in that village have never seen a foreigner before".

Also wird mal eben Sabas Vater mit seinem uralten Pickup-Truck herbeordert, der ausreichend Platz für alle hat. „No insurance, of course!", wie er fröhlich beim Einsteigen verkündet, bevor er seine Kamera – das neueste iPad – auf dem Armaturenbrett ablegt und uns durch die wunderschöne Berglandschaft fährt.

Im Gegensatz zur faszinierenden Offenheit, Spontaneität und Lebensfreude der Teenager-Mädchen empfinde ich bei einigen Frauen in meinem Alter – insbesondere den unverheirateten – oftmals eine große Schwere, wenn sie aus ihrem Leben berichten: „We can't do anything. There are no jobs. We would love to travel, but we can't. Because we are women, we are not allowed to go alone. Besides, we don't get a visa. And it's too expensive".

Das Thema Hochzeit ist bei ihnen besonders präsent, denn eigentlich sind sie mit „um die 30" schon ganz schön alt, um in dieser Gegend noch unverheiratet zu sein. Selbst wenn sie für sich „I don't want to marry!" beschlossen haben, bleibt es ein Thema: Mit einem derartigen Entschluss verlassen sie zwar die hier herrschenden gesellschaftlichen Konventionen – mehr Freiheit als Frau erlangen sie dadurch aber auch nicht.

Kurdish dress: Stoff-Bazar, Sanandaj

Kurdish dress: Giveh – gehäkelte Slipper, Paveh

Verlegen lächelnd berichtet Maryam, dass sie letztes Jahr, mit 27 Jahren, von ihrem ausgewanderten Cousin aus Deutschland einen Heiratsantrag erhalten hat.

„But I didn't accept."

„Why not? Because you haven't seen him for 13 years?"

„No, because my parents didn't want me to go that far away."

Ein bisschen stolz ist sie trotzdem noch darauf, stellt mir ihren Cousin und seine Eltern auf Fotos vor – Ruhrgebiet, 90er Jahre. Beim Abendessen hält sie mir plötzlich ihr Mobiltelefon ans Ohr: „It's my cousin. From Germany! Speak German with him, please!"

Sehr überrascht telefoniere ich also in einem kurdischen Städtchen im Iran mit einem Iraner in Frankfurt am Main, der mindestens genauso überrascht ist wie ich. Und während mich dabei seine kurdischen Verwandten anstrahlen, stellt er mir aus der Ferne genau die gleichen ungläubigen Fragen, die ich vor meiner Abreise in Deutschland immer wieder beantworten musste: „Du bist Touristin? Reist alleine? Als Frau? Im Iran?" Ja, als Touristin im Iran. Nach fünf Tagen Paveh komme ich mir allerdings eher wie ein „very special guest" oder sogar eine „Botschafterin des Auslands" vor.

Schließlich mache ich mich doch noch auf den Weg ins Howraman Valley: Ali hat extra einen Fahrer mit geländetauglichem Jeep organisiert, der mich in einer Tagestour durch die faszinierende Berglandschaft mit ihren kleinen, am Hang gebauten Treppendörfern bringt. Der Abschied von Paveh ist ausgesprochen herzlich. Die Schülerinnen Fatemeh und Bita überreichen mir Geschenke. Mobiltelefonanhänger mit Grußkarten: „To my best friend." Ali empfiehlt mir, zumindest einmal im Leben den Koran zu lesen und unbedingt bald zu heiraten – gerne ließe er sich und seine Familie dann zu meiner Hochzeit einladen. Ein Englischlehrer stellt fest: „You have a lot of fans here now, Miss Helena. Please come back soon!" Und aus den vielen berührenden Gesprächen und Erlebnissen der letzten Tage bleibt die Frage eines anderen Englischlehrers ganz besonders hängen: „What can we do to communicate with the world? I mean, beyond politics. How can the Iranian people start an exchange?"

Howraman Valley

Kurde mit Kolobal – Filzjacke, Howraman Valley

"WHAT CAN WE DO TO COMMUNICATE WITH THE WORLD?"

سنندج

Sanandaj

Sanandadsch

358.000 Einwohner

1.502 m Höhe

Tag 48 – 51

Provinzhauptstadt
In grüner Berglandschaft

Kurdish art
Kurdish music
Kurdish dance
Kurdish husband
Kurdish everyday life

Viva Kordestan!

Freudig werde ich von Alireza auf dem Azadi Square – dem Freiheits-
platz seiner Heimatstadt – begrüßt. Er und seine Familie haben mich
eingeladen, sie in Sanandaj zu besuchen. Der 28-Jährige kommt gerade
aus dem Stadion, wo er heute zum Klettern war. Nur eine seiner vielen
sportlichen Aktivitäten, für die er jeden Tag nach der Arbeit Zeit findet.
Sein großes Ziel: die höchsten Berge in Nepal zu besteigen. „You know,
life is not about waiting. You have to be active. If you just sit around, you
miss the best part of it. And it's only you designing your life. So, you have
to go for it!"
Was ich davon halte, wenn wir nicht direkt zu ihnen nach Hause fahren,
sondern davor noch kurz zum Tee in den städtischen Park auf dem Abi-
dar Mountain? Klar! Und 15 Minuten später sitzen wir auch schon auf
dem Berg, in einem dieser Plastik-Teezelte, und blicken auf die Stadt,
in der langsam die Lichter angehen. Das ist also Sanandaj: die Hauptstadt
der iranischen Region Kordestan. Ein Ort, der sich spontan liberal, offen,
modern anfühlt.
Teeglas Nr. 3 wird serviert und wir philosophieren bereits über die verschiedenen Bedeutungen von Freiheit im Leben. Zufällig kommen ein
paar Freunde von Alireza vorbei. Sie haben eben ein Konzert an der Uni
gegeben, sind jetzt auf dem Weg, einen passenden Platz auf dem Berg für
ihre private After-Show-Party zu finden. Ob wir Lust haben, dabei zu
sein? Gerne! Und wenig später erleben wir als zwei von fünf Zuhörern
ein exklusives „Kofferraum-Konzert" mit Gitarre, Geige und Tombak,
einer kelchförmigen Trommel. Persische und kurdische Lieder wechseln
sich ab. Jeder spielt mal jedes Instrument, übernimmt den Gesang.
Spontan wird ein „Kurdish dance" eingebaut. Und unter uns flackern
die Lichter der Stadt. Was für ein Empfang in Sanandaj! Den Heimweg
treten wir erst spät in der Nacht an.
Am nächsten Morgen geht es mit viel Tee weiter. „Chay?" – „Tea?" –
„Yes, please!" Stundenlang sitze ich mit der Mutter und meinem „ketab-e
zard" – meinem kleinen, gelben Farsi-Deutsch-Wörterbuch – neben der
immer gefüllten kleinen Teekanne und dem Heißwasserkessel in der

Küche. Während sie für mich extra vegetarische kurdische Gerichte zaubert und ich immerhin beim Gemüseputzen helfen darf, unterhalten wir uns über die Rolle der Frau: im Iran, in Kordestan, in Europa. Ohne wirklich eine gemeinsame Sprache zu sprechen. Aber mit großem Verständnis füreinander. Und sie stellt fest: „Dar Orupa, khanum-ha azad haßtan. Khaili khub-e! Khaili dust daram!" – „In Europa sind die Frauen frei. Das ist sehr gut! Das gefällt mir sehr gut!"

Der nächste Tee wird im Wohnzimmer serviert. Alirezas Vater befragt mich interessiert zur Situation in Deutschland: Wie die wirtschaftliche Lage sei? Und ob es noch einen Unterschied zwischen Ost- und West-Deutschland gäbe? Dann packt er sein umfassendes Geschichtswissen aus. Mit Übersetzung von Alirezas Schwester Zahra, die als Englischlehrerin arbeitet, erhalte ich eine ausführliche Einführung in die Geschichte der Kurden – im Iran, Irak, in Syrien und der Türkei. Höre von dem Spiel diverser Mächte, Interessengruppen, Länder, die im Leben der Kurden mitgemischt haben. Und von dem Genozid im Irak unter Saddam Hussein, bei dem mehr als 180.000 Kurden getötet wurden.

Wie es heute für die Kurden aussieht? Im Irak sei der kurdische Teil mittlerweile als autonome Region anerkannt. Im Iran hingegen würden die Kurden als Minderheit immer noch sehr benachteiligt behandelt. Zudem sei das Bild vieler Iraner von der iranischen Provinz Kordestan – die Teil der größeren, länderübergreifenden Region Kurdistan ist – sogar ähnlich schlecht wie das Bild der meisten Europäer vom Iran: „Many Iranians still think that we are dangerous!"

Ob sie sich für die Kurden im Iran ein ähnliches Modell wie im Irak wünschen würden? „No, not necessarily. But we want equal rights for all Iranians!" Und die wichtigsten Redewendungen werden mir ab jetzt nicht nur auf Farsi, sondern auch auf Kurdisch beigebracht.

"MANY IRANIANS STILL THINK THAT WE ARE DANGEROUS."

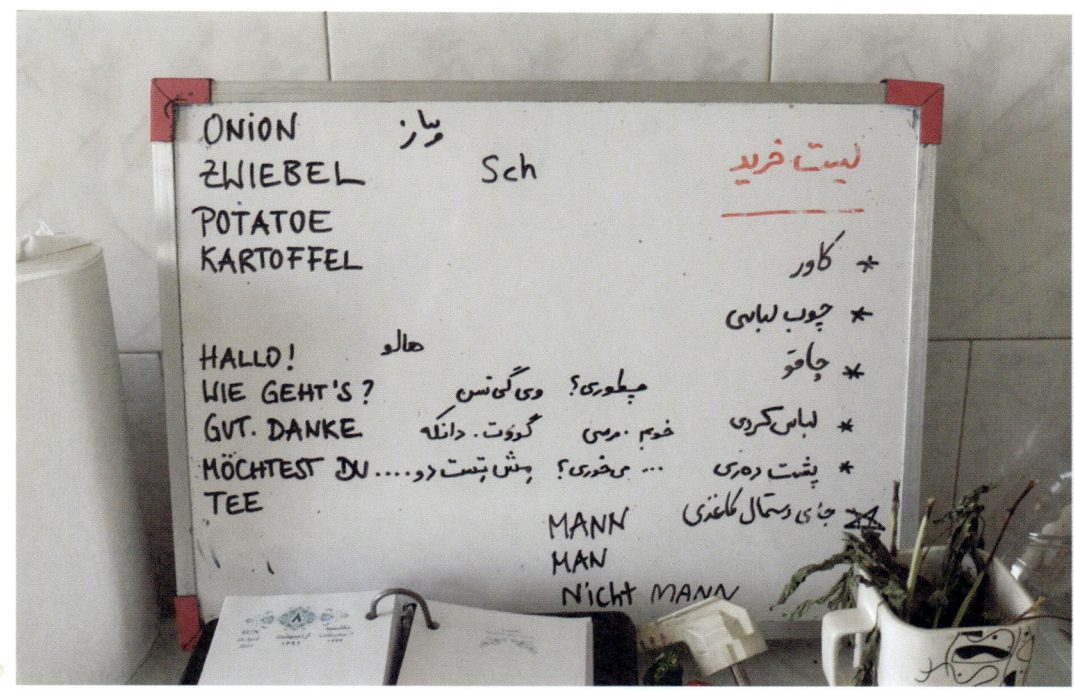

Easy-going & relaxed

Am nächsten Morgen stehen Alireza, Zahra und ich um 4:30 Uhr auf, um gemeinsam mit 40 anderen Outdoor-Begeisterten, organisiert von einem „Mountaineer Club" aus Sanandaj, einen Tag durch die wunderschöne kurdische Berglandschaft zu wandern. Ein Tag, der beweist, dass das zweite Klischee-Bild, das die Iraner von den Kurden in ihrem eigenen Land haben, doch wesentlich zutreffender ist als „dangerous" – und zwar: „easy-going and relaxed".

Von der Abfahrt um 6 Uhr morgens bis zur Rückkehr um 21 Uhr singt die illustre Gesellschaft kurdische Lieder – begleitet von zahlreichen Witzen aller Beteiligten und den ironischen Kommentaren eines historischen Geschichtenerzählers, den einer der Mitwanderer sehr kunstfertig, mit tragender Stimme und altertümlicher Wortwahl mimt. Wir wandern durch grüne Täler und bunte Blumenwiesen, vorbei an Flüssen, mit schneebedeckten Berggipfeln im Hintergrund. Freie Natur, blauer Himmel,

Kordestan

"TIME FOR KURDISH DANCE!"

Sonnenschein. Ein paar Kopftücher verschwinden komplett in den Rucksäcken und werden nur in Dorfnähe wieder ausgepackt.

Mittags picknicken wir neben Nomaden, die dort gerade ihre Schafe scheren und uns sofort einen Kanister voll frischem Dough schenken, ein Joghurtgetränk ähnlich dem türkischen Ayran. Als wir auf dem Weg durch ein Dorf bei einer Familie fragen, ob wir ihre Toilette benutzen dürfen – die öffentliche Toilette der nahegelegenen Moschee ist leider gerade überbevölkert – ist dies nicht nur eine Selbstverständlichkeit, sondern uns wird im Anschluss auch noch ein Tee serviert.

Am späten Nachmittag gabelt uns der Reisebus schließlich in einem kleinen kurdischen Dorf wieder auf. Wir machen uns auf die Rückreise. Denke ich. Doch keine Stunde später stoppt er plötzlich schon wieder, mitten auf der grünen Wiese: „Time for Kurdish dance!"

Raus die Boxen – und los geht's! Alle wissen, wie der traditionelle Tanz geht. Und alle tanzen mit. Begeistert. Weil das ganze öffentlich geschieht, weitestgehend getrennt nach Frauen und Männern. Eine Tanz- und Musikpause wird nur eingelegt, als die Polizei auftaucht. Man weiß ja nie, ob der Polizei „Kurdish dance" heute passt oder nicht ... Doch kaum ist sie weg, geht es weiter. Und auch die heimischen Zuschauer, die um uns herum in ihren besten „Kurdish dresses" das Freitagspicknick zelebrieren, tanzen mit.

An diesem Ausflugstag scheint trotz sechs Stunden Wanderung plus zwei Stunden Tanz einfach keine Müdigkeit aufzukommen. Kaum zurück im Bus, stimmt die Wandertruppe wieder kurdische Lieder an – deren Texte immer kreativer werden. Plötzlich gibt es auch traditionelles Liedgut über die beiden Touristen im Bus: „Agha Farance – Französischer Mann – Pascal – Paris" und „Khanum Almani – Deutsche Frau – Helena – Hamburg". Mit zunehmender Begeisterung und Ironie übertreffen sich die Sänger in freier Improvisation. Bis der Männergesangsverein schließlich die nächste traditionelle Idee hat: „Khanum Almani, now you need a Kurdish husband. Which one would you like?"

Ganz freie Wahl für mich – denn sie würden eigentlich alle gerne ins zwar ungesehene, aber bestimmt wunderschöne Deutschland mitkommen. „Difficult to choose?"

Selbstverständlich können sie verstehen, dass die Wahl bei so vielen guten Sängern nicht einfach zu treffen ist. Aber – „No problem!" – auch dafür findet sich in Kordestan schnell eine traditionelle Lösung: „Just throw a chocolate!"

Und so finde ich mich also an einem Freitagabend – Alleine! Als Frau! Im Iran! – in einem Bus wieder, voll mit für mich singenden Männern, und darf mir per Werfen eines Schokobonbons einen kurdischen Ehemann aussuchen. Easy-going and relaxed. Mit einer stolzen Prise Selbstironie. Es wird ein Schokobonbon-Glückswurf in den hinteren Teil des Busses – gezieltes Werfen war noch nie meine Stärke. Den Fang des Tages macht der „historische Geschichtenerzähler". Überrascht und mit plötzlich sehr hoher Stimme stellt er unter dem Applaus der anderen allerdings fest: „Oh, I don't want to marry yet. I want to study at university before I get married."

Offensichtlich kann er auch die Reaktion vieler junger Frauen im Iran auf Heiratsanträge hervorragend persiflieren. Nach kurzer Überlegung entschließt er sich dann aber doch, die neue Rolle anzunehmen. Mit sehr tiefer Stimme – und wenn schon, dann richtig: „Pull up your scarf, Khanum Helena. From now on, you have to wear it properly!"

Während der ganze Bus schallend lacht, verkünden die anderen, potenziellen, aber heute verschmähten kurdischen Ehemänner, dass sie einfach per Facebook meine Familie unterwandern werden – so könnten sie dann alle nach Deutschland kommen.

„Viva Kordestan!", fasst Pascal den Tag treffend zusammen. Und als wir am Abend Alirezas Familie davon berichten, schenkt mir seine Mutter mit einem Augenzwinkern ein Paar kurdische Ohrringe: „As a souvenir. And for your Kurdish wedding!"

Don't worry about it

Als nächste Begegnung mit der kurdischen Kultur organisieren meine Gastgeber ein Treffen mit einem der bekanntesten Künstler Kordestans: Hadi Ziaoddini lädt uns in sein Atelier ein. Er ist 57 Jahre alt, Namensgeber eines Boulevards in Sanandaj und hat 90 Prozent aller öffentlichen Skulpturen der Stadt gestaltet. Ein sehr umfassendes Werk – denn hier

Gipsform von Hadi Ziaoddini: „Kurdish dance“, Sanandaj

steht auf fast jedem Platz eine Skulptur. Zudem ist er iranweit anerkannt, wird von jungen Künstlern als Berater konsultiert, hat weltweit ausgestellt. Skulpturen, Zeichnungen, Gemälde zählen zu seinen künstlerischen Ausdrucksformen. Und auf einen Stil lässt er sich nicht festlegen. Gemeinsam mit seinem Bruder arbeitet er in einem Atelier im rechten Flügel eines verwunschenen alten Herrenhauses. Hier sitzen wir, trinken Tee und lauschen den Erzählungen des sehr ruhigen und bedachten Künstlers. Er berichtet vom Leben als Künstler im Iran, vor und nach der Islamischen Revolution. Von Genehmigungsprozessen öffentlicher Statuen, die nicht nur geschriebenen Regeln, sondern zudem Geschmack und Glück folgen: In eine vierseitige Skulptur kann allein aufgrund der Zahl 4 ein kurdischer Bezug interpretiert werden – was, auch wenn es nie so gedacht war, zur offiziellen Ablehnung führt. Und einer voll bekleideten Frauenskulptur, die eine Treppenstufe herunterschreitet, muss schon mal über dem Knie das lange Gewand aufgefüllt werden, wenn die alltägliche Pose von den Sittenwächtern als zu anzüglich empfunden wird. „Anatomy or nude studies are forbidden, of course. Also in the education of my students." hören wir – und bemerken, dass in dem Atelier einige Skulpturen mit Tüchern bedeckt sind.

Er zeigt uns ein dickes Fotoalbum mit seinen Gemälden der letzten Jahrzehnte, die schon lange nicht mehr alle in seinem Atelier Platz finden. Und eine Publikation seiner Zeichnungen, die von beiden Seiten zu lesen ist – auf Persisch und Englisch. Ob wir ein Exemplar davon kaufen können? Nein. Die gibt es für uns nur geschenkt. Mit persönlicher Widmung. Langsam geht der Nachmittag in den Abend über. Als wir uns um halb zehn verabschieden wollen, treffen gerade seine Frau und seine Tochter ein. Sie ist ebenfalls Künstlerin, die Tochter geht noch zur Schule. Das Gespräch startet von neuem, und schließlich lädt uns die Familie zu sich nach Hause ein:

„May we invite you to our home tonight? We would love to have
   you as our guests, and you can see more artworks there."
„Tonight?"
„Yes, of course, tonight! How about 11 p.m.?"
Man trennt sich kurz – um sich in anderthalb Stunden wiederzusehen. Schnell gehen wir eine Pizza essen, besorgen mitten in der Nacht ein

aufwendiges Blumengesteck als Gastgeschenk. Nicht nur Pascal und ich, auch unsere kurdischen Freunde fühlen sich sehr geehrt von dieser Einladung. Alle sind gespannt auf das heimische Atelier und vor allem den weiteren Austausch mit Hadi Ziaoddini und seiner Familie. Und der wird bis spät in die Nacht hinein fortgesetzt: Er zeigt uns die unterschiedlichsten Kunstwerke, berichtet von ihrer Entstehung, ihren Hintergründen und Geschichten. Wir diskutieren über die Rolle der Kunst in Kordestan, im Iran, in Europa. Zwischendurch werden Tee, Gebäck und Obst gereicht.

Aktuell experimentiert er in seinen Bildern mit ganz neuen Techniken, Materialien und Farben, hat im Vergleich zu seinen vorherigen Kunstwerken eine Serie von sehr abstrakten Bildern geschaffen. Nach langen Überlegungen wage ich, ihn vorsichtig zu fragen, ob er eines davon schon verkaufen würde. „Yes, of course! I am very happy about your interest." Allerdings müsse er es noch dokumentieren und könne es mir erst später zuschicken. Ob das ein Problem sei? Nein, kein Problem – ich kann es ja jetzt schon bezahlen, und dann kann er es jederzeit abschicken. Aber einen Preis nennt er mir nicht. Also spreche ich das Thema viel später noch einmal an. „Don't worry about it. I will send it to you", ist die sofortige Antwort. Das hatte ich ja gar nicht bezweifelt. Aber da aus Deutschland keine Überweisung in den Iran möglich ist, würde ich das Bild doch gerne jetzt schon bezahlen. Also frage ich noch einmal nach:

„So, how much is the painting?"

„Don't worry about it. I will tell you later."

Wieder keine Auskunft. Also eine weitere Erklärung und Nachfrage meinerseits. Aber auch die bringt nichts. Ich erhalte viele Antworten, aber keine Preisinformation: „Don't worry about it. I will tell Alireza." – „Don't worry about it. I am honoured if you display it in your home." – „Don't worry about it. I am happy if you are happy." Keine Chance, ihm eine Summe zu entlocken. Keine Chance, ihm das Bild zu bezahlen. Ich überlege, ihm meine Preiseinschätzung des Kunstwerkes einfach in bar dazulassen – aber meine iranischen Freunde flüstern mir zu, dass das äußerst unhöflich wäre. Und sie liefern mir eine kulturelle Übersetzung seiner Antworten: „We think he does not want to take any money from you for this." Ein Zustand, der als Touristin gar nicht so leicht zu ertragen ist.

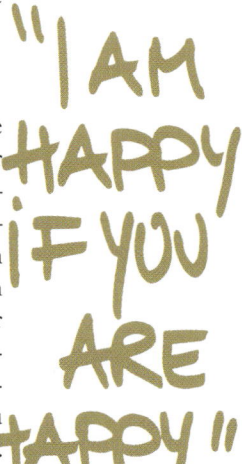

"I AM HAPPY IF YOU ARE HAPPY."

Atelier von Hadi Ziaoddini, Sanandaj

Wie bezahle ich, wenn ich nicht mit Geld bezahlen darf? Wie drücke ich meine Wertschätzung für seine Arbeit aus? „But I would really like to pay for it!" hilft definitiv nicht weiter. Wahrscheinlich kann ich diese Situation gerade nur so akzeptieren, wie sie ist – und später, zurück in Deutschland, auf sein Geschenk mit einem Geschenk meinerseits antworten.

Als wir schließlich gegen 3 Uhr morgens das Haus verlassen, bedanken sich alle freudig für den gelungenen Abend. Ganz egal, ob und wie früh sie am nächsten Tag zur Arbeit müssen. Es ist der gemeinsame Moment, der zählt.

Contemporary Kurdish art: KFC poetry

Nach so viel bildender Kunst, Musik, Gesang und Tanz fehlt in der Reihe der Schönen Künste eigentlich nur noch die Literatur – und die gibt es beim nächtlichen Pizzaessen in einem KFC-Fastfood-Restaurant. Hier arbeitet Maryam: Fastfood-Pizza-Restaurant-Angestellte, IT-Studentin und Literaturliebhaberin.

Zur vegetarischen KFC-Pizza – „How do you like it? Please give us any feedback. We really appreciate it!" – serviert sie uns ihre Lebensträume: Sie möchte Literatur und Theater, alte Meisterwerke und zeitgenössische Stücke studieren. Und nicht IT. Das langweilt sie furchtbar. Ihr Traumstudium konnte sie bis jetzt zwar noch nicht finden, aber sie glaubt fest daran, dass sie dieses Ziel irgendwann erreichen wird – und spricht begeistert mit uns über die Bühnen in London und der Welt. Immer wieder kehrt sie an unseren Tisch zurück. Und als wir gerade gehen wollen, drückt sie mir einen Flyer des KFC-Fastfood-Restaurants in die Hand. Darauf von ihr verewigt: ihr iranisches Lieblingsgedicht.

Ein iranisches Gedicht auf einem KFC-Flyer ... Besser gesagt: ein iranisches Gedicht auf der iranischen Variante eines KFC-Flyers. Denn genauso, wie es beim US-amerikanischen KFC eigentlich keine Pizza gibt, gibt es im Iran eigentlich kein KFC. Zumindest nicht das Original. Aber: eine gar nicht so schlecht gemachte Kopie. Und zwar: überall im Land. Direkt neben den vielen anderen, sehr beliebten Marken mit „West-Charakter", wie z.B. den omnipräsenten iranischen Chee.toz-Chips, die den amerikanischen Cheetos-Chips so täuschend ähnlich

ستاره‌های غزنفر

ستاره‌های مقوای غزنفر

وقتی که در آسمان

دروغ وزیدن می‌کرد

دیگر چگو نمی‌شود

به آیه‌های رسولان سرشکسته پناه آورد؟

ما ضل مرده‌های هزاران هزار ساله به هم می‌رسیم

و آنگاه خورشید بر تباهی احسار قضاوت خواهد کرد

poet :   فروغ فرخزاد

A.R/2013

KFC-Flyer mit Lieblingsgedicht, Sanandaj

sehen. Gut gemachte Kopien, die selbst bei Iranern gelegentlich für Verwirrung darüber sorgen, welche West-Marken in ihrem Land nun echt und welche fake sind. Denn daneben gibt es auch noch die wirklich echten West-Markenprodukte: Einige dürfen trotz Sanktionen legal eingeführt werden, andere gelangen über „back channel exports"– durch Umwege über Nachbarstaaten – in den Iran. Wieder andere sind lokal hergestellte Originale, wie z.B. Coca-Cola und Pepsi, die iranische Abfüller über nicht-amerikanische Untergesellschaften mit ihrem Sirup beliefern.

Die weltweit wertvollste Marke Apple ist natürlich ebenfalls im Iran zu haben – und mindestens genauso begehrt wie bei uns. Meine kurdischen Freunde Alireza und Zahra haben ständig ihre iPhones in der Hand. Die Kosten: vergleichbar mit deutschen Apple-Preisen.

Godmother of godchild plants

Vier Tage Sanandaj – meine persönliche Kulturhauptstadt dieser Reise. Dank meiner kurdischen Gastfamilie, die mich von Tag 1 an quasi adoptiert hat. Zum Abschied schenke ich ihnen eine Büste aus einer Serienproduktion von Hadi Ziaoddini, für die ich umgerechnet immerhin 1,20 EUR bezahlen durfte. Ihre Verehrung für den Künstler ist groß, aber sie fordern mich auf, die Büste zu signieren: „For us, it's a memory of the wonderful days we could spend together. So please, sign it and write something on it for us." Und meine atheistische Gastschwester Zahra, mit der ich in den letzten Tagen viel über Sinn und Unsinn, Macht und Missbrauch von Religion auf der ganzen Welt diskutiert habe, verabschiedet mich mit den Worten: „You are the godmother of my Iranian plants now. So, you have to come back soon!" Denn trotz ihrer religionskritischen Haltung hat ihr der verbindende Gedanke von Paten und Patenkindern gefallen. Und sie liebt ihre Pflanzen.

Es fällt sehr schwer, zum Abschied am Busbahnhof nicht alle umarmen zu können. Zumindest nicht die männlichen Mitglieder der Familie – nicht in der Öffentlichkeit.

Kordestan

7 Wochen Iran: Ta'arof

Ich habe es immer noch nicht begriffen

„Ta'arof: ... a system of formalised politeness that can seem confusing to outsiders, but is a mode of social interaction in which everyone knows their place ... you'll soon learn that ta'arof is more about people being sensitive to the position of others than routine politeness."

Das ist also die Definition meines Reiseführers zum Höflichkeitssystem im Iran. Ergänzt um den Hinweis, dass man auf keinen Fall die Fahrpreis-Aussage eines Taxifahrers „It's nothing" wörtlich nehmen sollte – denn das ist zwar sehr höflich gemeint, aber schließlich muss er damit sein Geld verdienen und es wäre absolut unhöflich, ihn nicht zu bezahlen. Dazu der Tipp, dass man jede Einladung mindestens dreimal ablehnen sollte, damit das gastfreundliche Angebot – falls der andere es sich vielleicht doch nicht leisten kann – noch zurückgezogen werden kann, ohne das Gesicht zu verlieren. Aha. Diesen Beispielen kann ich folgen. Immer 3x nachfragen und die Bezahl-Zeremonie in Taxen, Läden, Restaurants und manchmal auch Hotels mitspielen: ablehnen – insistieren –

Toudeshk

ablehnen – insistieren – ablehnen – insistieren – schließlich doch akzeptieren – bezahlen. Aber was mache ich, wenn ich über das „3x Fragen" hinauskomme? Sind diese übergastfreundlichen Angebote dann tatsächlich ernst gemeint? Darf ich sie dann annehmen – bzw. sollte ich das sogar tun? Und wie gehe ich mit Angeboten um, die ich aus meiner Sicht wirklich nicht als Geschenk annehmen kann? Wann darf ich sie ablehnen – und wann ist es unhöflich von mir, sie nicht zu akzeptieren …?

Ta'arof – dieses omnipräsente Bestreben in der iranischen Kultur, den anderen an erste Stelle zu stellen, Gäste wesentlich besser als die eigene Familie zu behandeln, der perfekte Gastgeber zu sein – ist wirklich wunderbar zu erleben. Selten habe ich mich bei den Menschen eines Landes dauerhaft so willkommen gefühlt. Selten wurde ich auf einer Reise immer wieder von einer derart selbstlosen Gastfreundschaft überrascht. Und gleichzeitig bleibt Ta'arof für mich eine der größten Herausforderungen im Iran – denn immer wieder tauchen bei mir die Fragen auf: „Kann ich das wirklich annehmen?" und „Wenn ich das annehme, wie kann ich mich jemals dafür bedanken?" Vielleicht, indem ich meinen Besuch auch als ein Geschenk für meine Gastgeber begreife – so, wie es mir einige von ihnen erklären? Schwer ist es trotzdem.

Den Iranern fällt Ta'arof natürlich leichter – auch wenn sie mir berichten, dass sie einige Situationen manchmal selbst nicht einschätzen können. In ihrer Sprache gibt es unendlich viele Worte und Redewendungen, um „Danke" zu sagen. Und wenn sie sich treffen, wird zunächst auf ebenso viele Arten das Wohlergehen des anderen erfragt: „Tschetori?" – „Wie geht es dir?", „Hal-et khube?" – „Geht es dir gut?" oder noch kürzer „Khubi?" – „Geht es dir gut?". Und zwar: vom Gegenüber plus seinen gesammelten Familienmitgliedern – Vater, Mutter, Großvater, Groß-mutter, Bruder, Schwester, Partner, Kinder... Ein Redeschwall, der für mich mit geringen Farsi-Kenntnissen erstmal ziemlich überwältigend ist. „Helena only understands ‚khubi?'. So, please use only that phrase." So hat Sanaz mich netterweise auf unserer gemeinsamen Neujahrs-Familien-feier vor wiederholter Überforderung bewahrt. Aber das bemerken nicht alle. Und ich habe mittlerweile viele Großfamilien besucht.

Den anderen an erste Stelle zu stellen bedeutet auch, ihm nie den Rü-cken zuzukehren. „Befarmaid! Befarmaid!" – „Bitteschön! Bitte-schön!" An jeder Tür werde ich aufgefordert, zuerst zu passieren. Selbst als ich mit meinem kurdischen Gastvater durch das volle San-andaj laufe, lässt mir der ehrwürdige Herr ständig den Vortritt. Und da er die ganze Stadt zu kennen scheint, ist unser Spaziergang zudem von ständigem „Salam!", einer leichten Verbeugung mit Hand aufs Herz und dem wiederholten Wortschwall zur Nachfrage nach dem Wohlbe-finden des anderen geprägt.

Ein Ritual, das ich spontan nachahme, als uns zufällig ein Mitwanderer von unserem Ausflug in die kurdischen Berge über den Weg läuft: Hand aufs Herz – leichte Verbeugung – „Salam! Khubi?" Gleiches Ritual bei meinem Gegenüber. Auch mein Gastvater stimmt unbekannterweise mit ein. Ein paar Meter weiter guckt er mich allerdings irritiert an: „Ki-e?" – „Wer ist das?" Da ich „Mit dem sind wir gestern zusammen gewandert" nicht auf Farsi antworten kann, versuche ich es mit meinem Familien-Be-schreibungs-Vokabular: „Dust-e schohar-e kordi." – „Ein Freund mei-nes kurdischen Ehemanns." Was für große Erheiterung sorgt.

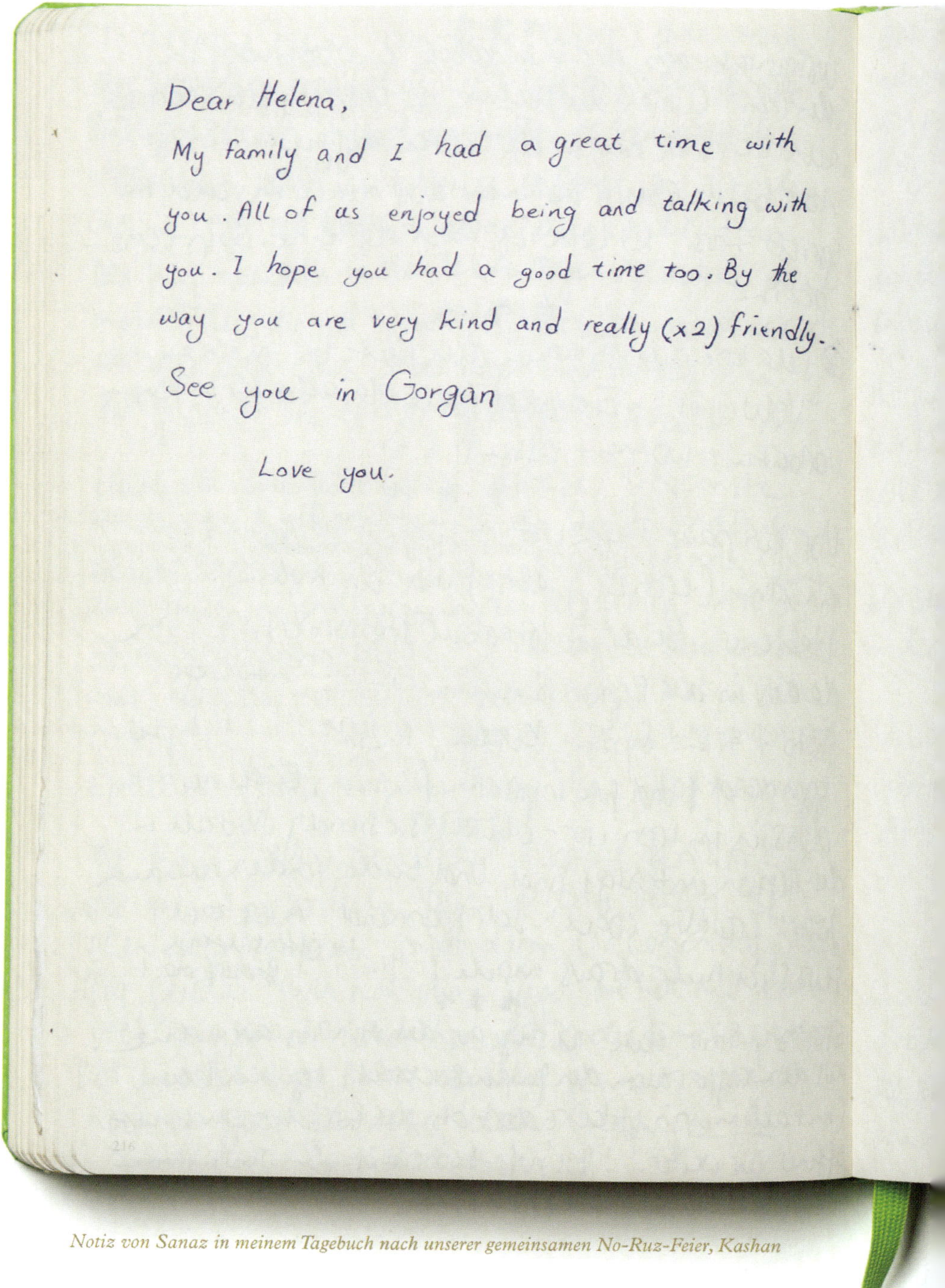

Dear Helena,

My family and I had a great time with you. All of us enjoyed being and talking with you. I hope you had a good time too. By the way you are very kind and really (x2) friendly.

See you in Gorgan

Love you.

Notiz von Sanaz in meinem Tagebuch nach unserer gemeinsamen No-Ruz-Feier, Kashan

7 Wochen Iran:
Ein Entwicklungsland

Wirklich?

„Do you think Iran is a developing country?"
Diese Frage wurde mir schon von den jungen Haupt-
städtern gestellt. In Sanandaj treffe ich auf Azadeh,
Schülerin und 16 Jahre alt, die mir die gleiche Frage
stellt – und selbst eine sehr klare Antwort dazu hat: „Yes,
we live in a developing country."

Der Iran, ein Entwicklungsland – wirklich? Eine eindeu-
tige Definition für diesen Begriff gibt es nicht. In diversen Listen wird der Iran als solches bezeichnet. Mir
kommt das Land im Vergleich zu anderen, in denen ich
gereist bin, allerdings in vielen Punkten gar nicht wie ein
Entwicklungsland vor: Die „persische Hochkultur" ist
immer noch überall zu spüren – auch wenn viele Iraner
bemängeln, dass ihre Regierung nichts für den Erhalt
ihrer Kulturschätze tut. Die logistische Infrastruktur
funktioniert einwandfrei. Die Hygienestandards sind
hoch. Sauberes Wasser und Strom habe ich überall bekommen. Kommunikationsmittel und Internet sind weit
verbreitet. Und was mich am meisten gegen „Entwicklungsland" stimmen lässt: das hohe Bildungsniveau und
umfangreiche Wissen vieler Iraner.

Zugegeben, ich habe in der kurzen Zeit sicherlich nur
einen Bruchteil des Landes erlebt. Und ich habe auch
Dörfer gesehen, in denen die Menschen unter einem
Dach mit ihren Ziegen und Kühen leben. Allerdings gehen auch hier die Kinder zur Schule: Die fünfjährige
Grundschule besuchen iranweit angeblich fast alle
Kinder, 77 % der Mädchen und 81 % der Jungen im
Anschluss daran auch noch die dreijährige Untere Se-
kundarstufe. Und laut einer UNESCO-Studie aus 2008
sind 98,7 % der jungen Iraner (15 – 24 Jahre) und 85 %
der Erwachsenen (ab 15 Jahre) alphabetisiert.

Bazar, Qazvin

Es kann sich in iranischen Städten schon mal als schwierig herausstellen, Postkarten nach Deutschland zu verschicken: In Gorgan wollte das erste Postamt grundsätzlich keine Postkarten annehmen – das zweite konnte keine annehmen, da das Porto nach Deutschland unbekannt war – aber die Hauptpost hat sie schließlich angenommen. Einige Wochen später in Tabriz mussten drei Postangestellte anderthalb Stunden recherchieren, um das aktuelle Porto herauszufinden. Aber schließlich sind alle Postkarten angekommen. Und außerdem verschicken die Iraner selbst gar keine Postkarten – also daran ein Entwicklungsland festmachen ...?

Bezogen auf die wirtschaftliche Situation und das große Thema „Rechte & Freiheit der Menschen" sehen allerdings auch viele Iraner in ihrem Land großes Entwicklungspotenzial. Und das ist es wahrscheinlich auch, was Azadeh zu ihrer klaren Antwort gebracht hat: „You know, we see everything in the media and on the internet – but we can't do anything." Sie und ihre Freunde würden so viel wissen, kennen und voller Energie stecken – aber sie hätten keine Möglichkeiten, diese Energie wirklich zu nutzen, geschweige denn frei zu entfalten. Stattdessen nähmen Depressionen stark zu, insbesondere unter Teenagern. Ein Thema, das Azadeh sehr interessiert – wie sie mir in ihrem perfekten American English erklärt: Nach Abschluss der Oberstufe, in zwei Jahren, möchte sie auf jeden Fall Psychologie studieren.

Bis dahin stürzt sie sich aber erstmal noch auf die nächste Fremdsprache: „I have finished English. Now I want to start German." Auch wenn sie ihr Englisch in Zukunft definitiv mehr einsetzen wird. Sobald sie volljährig ist, möchte sie umgehend nach Amerika auswandern. Denn eigentlich gehöre sie gar nicht in den Iran: „You know, just a second before I was born, God inattentively made a mistake. I should have been born in the United States, no question about that. But he mixed that up. So, even though I'm here now, I'm actually American. And I will go there as soon as possible."

"I HAVE FINISHED ENGLISH. NOW I WANT TO START GERMAN."

رشت

Rasht

Rast / Recht / Resht / Rèsht

618.000 Einwohner

4 m Höhe

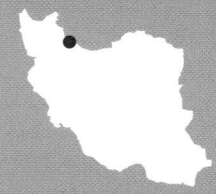

Tag 52 – 54

Reisfelder & Teeplantagen
Aussicht auf schneebedeckte Gipfel

12 Gläser Tee pro Tag
Ahmadinejad in town
Exilpläne

Im Norden mit Ahmadinejad

„You haven't been to Rasht? You have to go! It's sooo beautiful!"
Nachdem ich diese Worte in den letzten Wochen immer wieder – an di-
ver-sen Orten, von unterschiedlichsten Iranern – gehört habe, beschließe
ich, ihnen endlich zu folgen und Rasht einen Besuch abzustatten. Auch
wenn andere Reisende behaupten, es würde dort ähnlich grün wie in
Europa aussehen „… and the people from Tehran only love it so much
because it's raining all the time." Aber das soll mich nicht abschrecken.
Schließlich lebe ich zuhause ebenfalls in einer Stadt des angeblichen Dau-
erregens: Hamburg. Warum also nicht eine der beliebtesten Ferien-
regionen des Iran kennenlernen? Der erste Eindruck: kein Tropfen Regen
– und rundum grüne Reisfelder und mit Teeplantagen bedeckte Hügel,
hinter denen gelegentlich eine schneebedeckte Bergspitze hervorlugt.
Nicht unbedingt ein Bild, das ich aus Europa kenne.
Zeitgleich mit mir scheint auch Mahmud Ahmadinejad – zu diesem Zeitpunkt noch Präsident des Iran – die Idee gehabt zu haben, dem „Norden" einen Besuch abzustatten, wie die Iraner die Region am Kaspischen
Meer nennen: An Tag 2 meines Aufenthalts ist plötzlich die ganze Stadt
mit Plakaten von ihm zusammen mit Staatsoberhaupt Chamenei gepflas-
tert. Und an Tag 3 – dem Tag seines öffentlichen Auftritts im Stadion von
Rasht – ist schließlich kein Durchkommen mehr.
„It's a once-in-a-lifetime chance to see an Iranian president. You have to
go!", versucht mich eine alleinreisende, ca. 60 Jahre alte Touristin aus
Australien zu überzeugen, die ich zufällig beim Kauf eines Bustickets
treffe. Ich soll unbedingt mit ihr ins Stadion kommen. Aber ich verwerfe
diese Idee: Wenn es eine klare Sicherheitswarnung für Touristen im Iran
gibt, dann die, „… jegliche Kundgebungen, Menschenansammlungen
oder Demonstrationen weiträumig zu meiden." Einen Spionage-Ver-
dacht, der spürbare Konsequenzen nach sich zöge, sollte man in diesem
Land besser nicht aufkommen lassen.
Stattdessen befrage ich lieber die Iraner um mich herum, ob sie diese
einmalige Chance nutzen. Und stelle fest: Der große Stau in der Innenstadt scheint vor allem auf die weiträumigen Sicherheitsvorkehrungen

Ankündigung des Besuchs von Ahmadinejad, Rasht

zurückzuführen sein – an Massen von Einheimischen, die ins Stadion wollen, kann es nicht liegen. Zumindest meine Gesprächspartner zeigen absolut kein Interesse, ihren Präsidenten live zu sehen, geschweige denn zu hören. Im Gegenteil: „Let's rather leave the city today!" So werde ich an diesem schönen, sonnigen Tag von drei Iranern eingeladen, gemeinsam mit ihnen das grüne Umland zu erkunden.

Hossein, die Couch-Potato, wie er sich selbst bezeichnet – auch wenn er jeden Gast in seinem Garten zum Badmintonspiel herausfordert, und ich bei langen Gesprächen – während wir Rekorde im Teetrinken aufstellen – feststelle, dass er auch ansonsten alles andere als eine Couch-Potato ist: Gerade arbeitet er an einem Dokumentarfilm über das aktuelle Leben und Denken im Iran. „You might laugh at me, but I think one day I will be famous. My work will be interesting for the people all over the world. I'm risking my life for it, but it's okay." Momentan ist ihm zwar das Geld ausgegangen, aber er will unbedingt weitermachen: „In Iran, it's not the government changing the people. It's the people changing the government. Inshallah!"

Plakatwerbung, Fuman

Aziz, der Karatekämpfer – der neben Karate jeden Tag joggen geht und ein ausgezeichneter Schreiner ist. Seitdem er 13 Jahre alt ist, hat er in diesem Beruf gearbeitet, hat mittlerweile 20 Jahre Berufserfahrung gesammelt. Was ihm bei der aktuellen wirtschaftlichen Lage im Iran allerdings auch nichts nützt. „Today: no jobs in Iran." Er spricht kaum Englisch, vermittelt mir aber trotzdem ziemlich eindringlich, wie schwierig und deprimierend sein Leben gerade ist. Ruhig und freundlich, ständig lächelnd. Und ohne Worte kümmert er sich rührend um mein Wohlbefinden.

Mohammad, Bodybuilder und Seemann mit Goldkettchen – dessen Leben sich hauptsächlich um seine Landgänge zu drehen scheint. „The best women are in Vietnam!", weiß er zu berichten, denn er spricht den „bar talk" der ganzen Welt. Sein momentan größtes Problem: Er hat einer Cousine einen etwas zu voreiligen Heiratsantrag gemacht und weiß jetzt nicht, wie er da wieder rauskommen soll. Sie ist halt doch nicht so ganz

sein Typ, wie er nach zwei Wochen Bekanntschaft feststellen muss. Außerdem hat er seit gestern Abend eine neue Freundin. Und überhaupt
dreht sich doch jede zweite Frau nach ihm um – nach „Sultan Mohammad", wie ihn seine Freunde ab sofort nennen.

My heart will go on

Während Ahmadinejad also in der Stadt zum Volk spricht, fahren wir in
Sammeltaxen vorbei an Reisfeldern und Teeplantagen zum nahegelegenen Örtchen Fuman und weiter nach Qal'eh Rudkhan – einer alten
Festung, die in einer circa einstündigen Wanderung durch bewaldete
Berge zu erreichen ist. Und während wir dort – begleitet von Celine
Dions „My heart will go on"-Klängen aus Aziz' Mobiltelefon – durch die
wunderschöne Natur spazieren, erfahre ich ganz nebenbei von Hosseins
und Aziz' Auswanderungsplänen. Oder besser gesagt: von ihren abenteu-
erlichen Ideen, wie sie als Iraner ein Visum für ein westliches Land erhalten könnten.

* Idee 1: Mit sehr viel Schmiergeld in Teheran gefälschte Dokumente
  erwerben, die eine „reiche iranische Identität" beweisen, um damit
  bei der Beantragung eines Schengen-Visums höhere Genehmi-
  gungs-Chancen als Normalbürger zu haben. – Für beide unbezahl-
  bar! Und für den hohen Preis zu unsicher.

* Idee 2: „Marriage of convenience" mit einer nie gesehenen Frau aus
  dem Westen, was bestimmt keine Traumehe, aber ganz bestimmt ein
  sicheres Visum ist. – Hat Aziz bereits versucht, ist leider an den
  unbezahlbaren Kosten des ausländischen Anwalts gescheitert.

* Idee 3: Als Seemann auf einem internationalen Schiff anheuern
  und irgendwo in der Welt aussteigen. – Die Seemanns-Unterlagen
  hat Hossein zusammen, bis jetzt hat er allerdings noch keinen Weg
  gefunden, als Iraner auf dem Schiff einer ausländischen Reederei
  einen Job zu bekommen.

* Idee 4: Von Russland nach Finnland schwimmen, um dort Asyl
  zu beantragen. – Für Russland bekomme er ein Visum, ist sich
  Hossein sicher. Und dann hat er da so einen See an der Grenze zu

Finnland entdeckt, den er bereits eingehend auf googlemaps erkundet hat. Und von dem er meint, dass dieser zu durchschwimmen sei... oder?

* Idee 5: Für sehr viel Geld von Indonesien aus mit Schleppern in einem dieser überfüllten, oftmals seeuntüchtigen Flüchtlingsboote durch vier Meter hohe Wellen zu den australischen Weihnachtsinseln schippern, um dort Asyl zu beantragen. – In diese Idee haben Freunde von Aziz gerade ihr gesamtes Vermögen investiert: 12.000 US-Dollar für zwei Personen. Sie sind heile angekommen.

Die Genehmigung ihres Asylantrags ist allerdings noch ausstehend. Mit jeder weiteren Option, die sie aufzählen, habe ich den Eindruck, Zeugin eines verrückten Gedankenspiels von zwei Freunden zu sein, die sich fern jeglicher Realität neue Abenteuer ausdenken. Bis mir klar wird, dass es den beiden purer Ernst ist und sie schon lange an der Umsetzung arbeiten: Um das nötige Geld zusammenzubekommen, haben Hossein und Aziz bereits vor Monaten ihre Läden und Ländereien verkauft. Ihre gesamten Ersparnisse investieren sie in diese Ideen und sind sogar bereit, ihr Leben dafür zu riskieren. Denn auch wenn Aziz kaum Englisch spricht, diesen einen Satz beherrscht er aus dem Stegreif: „I'm tired of Iran."

Nur Sultan Mohammad scheint dieses Thema überhaupt nicht zu berühren. Er ist auf einem Schiff der Islamischen Republik Iran angestellt, wird in neun Jahren, mit gerade mal 42, in Rente gehen und gut ausgesorgt haben. Außerdem ist er an diesem Tag ausreichend mit seinen Heiratsproblemen und dem Posieren für Fotos beschäftigt. Die Fotos müssen wir auf dem Rückweg noch schnell im Kramladen seines Bruders herunterladen – der mir zum Dank einen Mobiltelefon-Anhänger schenkt. Nach meiner Abreise aus Rasht hält Aziz mich per SMS zu seinen Ausreiseplänen auf dem Laufenden.

„Hello helena havaryou do you want god taym...aim aziz
    this is celfon namber."

„Thanks a lot, Aziz! I'm very good and I just entered Turkey.
    How are you?"

„im fayn thankiyu i laik syou igen."

„I'm happy you're fine! Take care! All the best and many greetings from Turkey to you and Hossein and Sultan Mohammad!"

„Hihelen im whan to go to ustarya an 19 jon wikand."

To Australia..? Nur zwei Wochen nach meiner Abreise bestätigt Hossein mir, dass Aziz sich tatsächlich auf den Weg nach Indonesien gemacht hat, um von dort auf dem Seeweg nach Australien zu gelangen. Acht Wochen später höre ich von Hossein, dass Aziz noch lebt – ob er allerdings auf den ersehnten Weihnachtsinseln angekommen ist, weiß keiner so genau: „but aziz i just know he is alive. but i heard from a same friend he is in hand of police. i dont know indonesia or australia, if it be australia its ok, but indonesia no, because he will be back in iran without any money." Zehn Wochen später ist klar: Aziz hat es nur bis in die Hände der indonesischen Polizei geschafft.

Umland Rasht

IT'S NOT THE JMENT PEOPLE. IT'S THE CHANGING HALLAH!"

"IN IRAN

GOVERN

CHANGING THE

PEOPLE

THE
GOVERNMENT. INS

7,5 Wochen Iran: Im Sammeltaxi

„I'm tired of Iran." Aziz, 11 Ordibehesht 1392 (1. Mai 2013)

Dass viele Menschen von der Situation in ihrem Land frustriert sind, habe ich in den letzten siebeneinhalb Wochen Iran oft gehört und gespürt. Die Themen Politik, Wirtschaft, Sanktionen, Inflation, Arbeitsmarkt sind omnipräsent – man steigt in ein Sammeltaxi ein und diskutiert darüber.

Im ganzen Land scheint es so zu sein, dass gut ausgebildete junge Leute keinen Job in ihrem Beruf finden: Einige sind arbeitslos, andere schlagen sich mit Aushilfsjobs durch. Und die, die einen passenden Job gefunden haben, verdienen oft schlecht. Ein iranisches Paar, das ich als Mittelschicht eingeschätzt hatte, berichtet, dass sie zusammen ca. 200 EUR im Monat verdienen. Er ist Elektrotechniker. Sie ist Englischlehrerin. Eventuell hat sie demnächst die Möglichkeit, von ihrer Anstellung an einer privaten Sprachschule an eine staatliche Schule zu wechseln – was sowohl ihr Gehalt als auch ihre Altersvorsorge deutlich verbessern würde. Den fachlichen Eignungstest dafür hat sie schon bestanden. Jetzt hängt es noch von der Überprüfung „ihres Lebens" ab, ob sie den Job bekommt oder nicht: Benimmt sie sich den Regeln entsprechend? Hat sie einen sittlichen Kleidungsstil? Wie sieht es mit Vorstrafen und politischem Engagement aus – bei ihr und ihrer gesamten Familie? Zumindest glaubt sie, dass dies die relevanten Fragen bei der Überprüfung „ihres Lebens" sind. Denn wie und wann genau die erfolgt, kann sie nur mutmaßen: „They will probably check police files. And most probably talk to my neighbours or colleagues. But I have no idea who does it when – or by when they will let me know if I get the job or not. Fingers crossed, it'll work out!"

Ein weiteres Dauerthema: die Inflation. Mein Reiseführer ist acht Monate nach Herausgabe – August 2012! – zum Thema Geld schon wieder völlig veraltet: Der Iranische Rial hat in dieser Zeit zwei Drittel seines Wertes verloren. Wenn es mal wieder ein „politisches Statement" der Regierung gibt, das den internationalen Atomstreit schürt, haben die Menschen Angst, dass daraufhin die Inflation aufgrund immer härterer Sanktionen noch rasanter voranschreitet. Keiner kann abschätzen, was nach der Präsidentschaftswahl im Juni 2013 passieren wird. Aber dass sich die Lage im Land dadurch großartig verändern wird, daran scheint kaum einer zu glauben.

Trotz dieser Situation sind die Menschen so gastfreundlich, dass sie mir als vergleichsweise reicher Touristin ständig alles bezahlen möchten – sogar die Eintrittsgelder zu Museen oder gemeinsame Fahrten im Sammeltaxi. Und wenn ich im Sammeltaxi doch mal selbst bezahle und wie die Iraner das Geld ohne dreimaliges Ablehnungsspiel dem Fahrer nach vorne reiche, gibt er mir das Wechselgeld bis auf den letzten Rial wieder heraus. Selbst dann, wenn ich einen höheren Preis verstanden und anstandslos bezahlt habe. Das ist mir auf anderen Reisen nicht so oft passiert.

Alamut Valley

تبريز

Tabriz

Tabrīz / Täbris / Təbriz

1.460.000 Einwohner

1.397 m Höhe

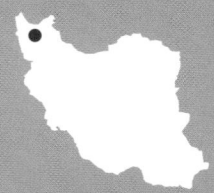

Tag 55 – 59

Stadt mit Weltkulturerbe-Bazar
In der Nähe: Felsendorf Kandovan
und Aras River Valley

Studenten
Anarchisten
1 Glas Wein

Ein Abschied mit intellektuellen Helden

Tabriz. Meine letzte Station im Iran.

Auf den ersten Blick: überraschend konservativ für eine iranische Großstadt. Zumindest im Vergleich zu den anderen, die ich in den letzten acht Wochen erlebt habe. Der hintere Teil der Stadtbusse, der Frauen-Bereich: oft ein „schwarzer Block". So viele Frauen tragen hier bodenlange, schwarze Tschadors. Ein Bild, an das ich mich nach fast zwei Monaten Iran immer noch nicht richtig gewöhnt habe – und das mir in den anderen Großstädten auch nicht so oft begegnet ist.

Tabriz auf den zweiten Blick: überraschend aufgeschlossen und frei. Denn gerade in dieser Stadt lerne ich weltoffene Studenten und Studentinnen kennen, die ihr Leben selbstständig gestalten, sich intellektuell herausfordern und alles hinterfragen. Tara und Niloufar laden mich ein, bei ihnen zu wohnen: Sie haben sich im Studentinnenwohnheim kennengelernt, vor einigen Jahren ihre eigene 2er-WG gegründet.

Tara ist 27, sie hat ihr Studium mittlerweile abgeschlossen und arbeitet in ihrem ersten Job. Von zuhause ausgezogen ist sie bereits vor sieben Jahren. Bald steht ihr nächster großer Umzug an: Sie wird heiraten! Verschmitzt lächelnd berichtet sie, dass ihr zukünftiger Ehemann seinen Heiratsantrag allerdings fünfmal machen musste, bevor sie ihn angenommen hat. Außerdem habe er wiederholt seine Kochkünste unter Beweis gestellt, um sie zu überzeugen. Verkehrte Welt – zumindest nach traditionellem iranischem Rollenverständnis. Aber gerade deshalb freut sie sich umso mehr auf ihre Ehe. Nur ihre Eltern müssen noch zustimmen. „They like him, that's not a problem." Allerdings wollen sie ihre selbstständige Tochter erst heiraten lassen, wenn sie nicht nur ihr Studium vollständig beendet, sondern ergänzend dazu ausreichend Arbeitserfahrung gesammelt hat. Aber das sollte bald so weit sein. Und außerdem möchte sie als Verheiratete selbstverständlich weiter arbeiten.

Niloufar ist 24, sie überlegt gerade, ihr Studienfach noch einmal zu wechseln und ihre Aufmerksamkeit statt den Naturwissenschaften einem philosophischeren Fach zu schenken. Momentan liest sie Sokrates und Platon. Zwischendurch raucht sie immer mal wieder eine Zigarette. Egal, dass

WG-Wohnzimmer von Tara und Niloufar, Tabriz

"PEOPLE WHO WATCH TOO MUCH TV STOP THINKING."

das bei Frauen im Iran nicht gerne gesehen wird – egal, ob zuhause, auf der Dachterrasse oder in der Öffentlichkeit. Auch vor der Masjed-e Kabud, der Blauen Moschee im Zentrum der Stadt, zündet sie sich eine an. Selbstbewusst trägt sie dazu ihren knallroten Lippenstift. Und dass sie einen Freund hat, hat sie ihren Eltern selbstverständlich auch erzählt.

Das WG-Wohnzimmer haben die beiden mit ihren intellektuellen Helden plakatiert: Große iranische Schriftsteller hängen da neben internationalen Autoren, Wissenschaftlern, Filmemachern, Künstlern: J.D. Salinger, Charles Darwin, Roman Polanski, Stanley Kubrick, Romain Gary, Nazim Hikmet, George Orwell, Harold Pinter, Tim Burton. Ihr Fernseher ist verstaubt – den benutzen sie nur als Ablage. Oder um zwischendurch mal die offiziellen Nachrichten zu gucken. Wenn, dann allerdings nur mit einem ganz besonderen Interesse: „I sometimes watch the news to compare the lies of our government with the news on the internet."

Statt fernzusehen bauen sie lieber ihre Bibliothek weiter aus. Welche deutschen Schriftsteller denn gerade interessant seien? Und ob ich James Joyces „Ulysses" schon gelesen habe? Das würden sie nur zu gerne mal lesen. Leider konnten sie das Buch bis jetzt im Iran nicht finden.

Die Gedanken wirken frei in ihrer WG. Andere Freiheiten enden allerdings auch an ihrer Haustür: Der sehr freundliche Vermieter im Erdgeschoss passt sehr gut auf, dass es in ihrer Frauen-WG keinen Männerbesuch gibt. Für die beiden scheint das allerdings ebenfalls ganz normal zu sein.

Another brick in the wall

Ihre männlichen Studenten-Freunde lerne ich bei Sightseeing und Spaziergängen in der Stadt kennen. Auch sie denken in geisteswissenschaftlichen Theorien, philosophieren mit Vorliebe. Zwei von ihnen laden mich zum Tee aus Plastikbechern auf einer Parkbank an einer Metro-Trassen-Baustelle ein – „a strange woman in a strange country", wie sie mich begeistert und respektvoll betiteln. Und sofort steigen wir in eine Diskussion ein: Sie wollen von mir wissen, was ich vom Marxismus halte. Und von anderen Gesellschaftsordnungen. Wie es damals in der DDR war.

Und was ich zum Kapitalismus im heutigen Deutschland sage. Der würde doch auch nicht funktionieren, oder? Sie glauben nämlich an gar keine Form von Staat: „We are anarchists."

Dabei blicken wir von unserer Parkbank aus direkt auf ihren Arbeitsplatz: die Universität. Für sie ist also ein Staat auch nicht für solche Dinge wie ein öffentliches Bildungssystem sinnvoll und notwendig? „No, it's not", ist die klare Antwort. „You know Pink Floyd's ‚Another brick in the wall'? That's what I think about an education system run by the state. People can do it on their own. And they should."

Die Medien sehen sie mindestens genauso kritisch, egal ob staatlich oder privat. Und auch in ihrer Studenten-WG bleibt der Fernseher definitiv aus. „People who watch too much TV stop thinking. They become dull. It creates easy-to-reign citizens, good for our government, good for any government. Doesn't matter if it's a dictatorship or a democracy." Sie gucken lieber mal einen guten Film, der Anspruch hat und das Denken anregt. Hollywood-Filme sind dabei selten auf ihrer Liste.

Sie suchen die Diskussion, stellen alles in Frage, rebellieren in Gedanken. Gleichzeitig kümmern sie sich rührend um mich: eine zehn Jahre ältere Touristin, die als Gast in ihrem Land ist. Freunde werden aktiviert, um gemeinsam das nahegelegene Felsendorf Kandovan zu besuchen. Dauerhaft wird für Verpflegung gesorgt und als Souvenir ein Poster für mich gekauft. Zum Abendessen kochen sie unter telefonischer Anleitung einer Mutter zum ersten Mal in ihrer WG ein vegetarisches Gericht – wobei ich auf gar keinen Fall helfen darf, selbst als es missglückt und sie nochmal neue Zutaten besorgen müssen. „No, no, you sit down! You want tea? Or a pillow? You can take a rest on the carpet, if you like."

Und um 22:30 Uhr drücken sie mir schließlich eine warme Felljacke in die Hand: Wir fahren noch schnell zu dem besten Aussichtspunkt von Tabriz – denn sie möchten mir trotz starkem Wind unbedingt den Blick auf die funkelnde Stadt zeigen.

Auch wenn sie voller Kritik sind für die Situation im Iran, begegnen sie dieser mit einer Ironie, die den ganzen Tag für ausgelassene Stimmung sorgt: Ihr Freund Amir, der als einziger einen Vollbart trägt, wird mit den Worten vorgestellt: „Please meet the only really nice, clean, and friendly

Qazvin

terrorist in Iran." Jedes Bild der religiösen Führer Khomeini und Chamenei wird mit einem freundlichen „Salam!" begrüßt. Und nachdem wir zum dritten Mal in Tschador verhüllte Frauen nach dem Weg gefragt haben, heißen diese nur noch „traditional GPS".

Als ich spät in der Nacht wieder in der Frauen-WG ankomme, servieren Tara und Niloufar mir lächelnd ein Glas Wein – aus einer Cola-Flasche, hergestellt und abgefüllt vom Bruder eines Bekannten. Zum Anstoßen auf die schöne gemeinsame Zeit. Und damit ich mich auch in Deutschland noch daran erinnere, schenken sie mir ein Paar sehr große, sehr bunte Ohrringe.

Das große Finale

„So, you are at the end of your journey.
   At the end of your money.
   At the end of your time."

Mit diesen Worten fasst ein ehemaliger Geschichts-Professor und heutiger Antiquitäten-Händler im Bazar von Tabriz meine Situation zwei Tage vor Ausreise treffend zusammen: Meine Zeit im Iran ist abgelaufen. Zumindest für diese Reise. In den wenigen Stunden, die noch übrig sind, häufen sich dafür umso zahlreicher diese vielen kleinen Begegnungen, die meine acht Wochen im Land so besonders gemacht haben.

Der Mann im Blumenladen

*Der Mann im Blumenladen, der mir seine private
Wohnungsblume für einen Spottpreis verkauft, noch
schnell einen Ableger für sich abknipst – und mir
obendrauf eine Lilie schenkt: „For hotel."*

Der Sammeltaxifahrer

*Der Sammeltaxifahrer, der Modern Talking
hört – und unbedingt meinen Tipp zum
Champions-League-Finale zwischen
Bayern „Munich" und Borussia
Dortmund wissen möchte.*

Der ältere Herr

*Der ältere Herr, der vor Jahrzehnten in Bulga-
rien Deutsch gelernt hat – und seine Kenntnis-
se in einem zweistündigen Parkbank-Gespräch
über Gott und die Welt auffrischt: „Bitte,
erzählen Sie mir von …"*

Der Taxifahrer im nahegelegenen Jolfa

*Der Taxifahrer im nahegelegenen Jolfa, der mich einen Tag lang durch das Aras River
Valley an der Grenze zu Aserbaidschan und Armenien fährt, dazu das eine englische
Lied von Katy Perry – das er zwischen den vielen persischen Liedern auf seinem Mobiltelefon hat – auf Repeat laufen lässt, mir ganz begeistert wesentlich mehr zeigt, als ich
jemals dort sehen wollte, sich zwischendurch eine Picknickdecke umschnallt, um mit mir
kurz die schöne Natur zu erkunden, mich abschließend noch die zwei Stunden bis nach
Tabriz zurückfährt, am liebsten für das alles gar kein Geld annehmen möchte – und mir
stattdessen lieber eine aserbaidschanische Münze schenkt.*

Der Herr

*Der Herr, der mich an einer Teebude anspricht – und
der erste Mensch ist, den ich treffe, der Esperanto
spricht. Vor Jahren hat er an einer Esperanto-Konferenz
in „Rothenburgsort, Hamburg, Germany" teilgenom-
men. Obwohl er keinen Tee trinkt, geht meiner selbstverständlich auf ihn. Und er kommt extra noch einmal
zurückgelaufen, um mir einen Tipp für
das beste Mittagessen in der Nähe zu geben.*

Der Pensionär

*Der Pensionär, den ich im Bazar nach dem Weg
frage, der mich daraufhin 30 Minuten durch
das Gewusel führt – und unterwegs stolz seinen
Freund in Deutschland anruft.*

Der Geschäftsmann

*Der Geschäftsmann, der mir in seiner Mittags-
pause die versteckten Ecken des Bazars mit den
Werkstätten von Schmieden und Honigproduzen-
ten zeigt, nebenbei ganz viele Fragen zur wirtschaftlichen Situation in Deutschland stellt – und
bei unserem Abschied festhält: „If our economy
gets better one day and we can do business with
Germany, I will contact you. Inshallah!"*

Die Frau

*Die Frau, die ich nach der nächsten Bushaltestelle
frage – und die daraufhin sofort ihren Weg ändert,
um mir meinen Weg zu zeigen: zur Bushaltestelle,
wo sie mich an einen Bushaltestellenkoordinator
übergibt. Der mich an ein 15-jähriges Mädchen
weiterreicht. Die mich sehr gewissenhaft bis zu
meinem Reiseziel begleitet – und dabei begeistert
ihr Englisch ausprobiert.*

Die junge Frau

*Die junge Frau, die mich im Bus mit „Welcome to Iran!"
begrüßt – und lautstark verkündet: „What do you do here?
In this country?! I hate it!"*

Auf Wiedersehen, Iran!

An meinem letzten Tag setze ich mich in den kleinen Park mit öffentlichem WLAN, zwischen Aserbaidschan-Museum und Masjed-e Kabud, der Blauen Moschee. Trinke Tee von dem fliegenden Händler neben mir – lasse die Reise Revue passieren – und rufe alle Menschen an, die die letzten acht Wochen Iran für mich so besonders gemacht haben, die ich hier als neue Freunde gefunden habe:

„Khaili, khaili mamnun! Wa khoda hafez!"

„Vielen, vielen Dank! Und Gott schütze euch!"

Als ich schließlich abends ins Taxi zum Bahnhof steige, wächst das Abschiedskomitee von Tara und Niloufar spontan um die gesamte Familie ihres Vermieters an. Wir sehen uns zwar gerade zum ersten Mal – aber sie stimmen trotzdem herzlich mit ein:

„Thank you very much for visiting us!

Thank you for visiting Iran! We hope you come back soon!"

"THANK YOU FOR VISITING IRAN. WE HOPE YOU COME BACK SOON!"

Felsendorf Kandovan

Tabriz

ایران ـ ترکیه

Iran – Türkei

Hauptbahnhof Tabriz – Hauptbahnhof Van

Gastgeber bis zur allerletzten Minute

Mit dem Nachtzug verlasse ich den Iran: von Tabriz über Land in die Türkei, nach Van. Eine romantische Vorstellung von einer Zugfahrt, die sich als gar nicht so romantisch herausstellt: Der Zug ist alt, ungemütlich, wuselig, vollgestopft mit Männern und ihren riesigen Paketen voller Waren, die im Iran offenbar günstiger sind als in der Türkei. Eine Gesellschaft, in der ich als alleinreisende Frau fast froh bin, ein Kopftuch zu tragen.

Der Schaffner passt allerdings gut auf mich auf, steckt mich in ein Schlafabteil mit einem älteren iranischen Ehepaar und der 45-jährigen Bita, die auf dem Weg zu ihrer Tochter ist, die in Van studiert. Die drei beginnen sofort, mich mit Nüssen, Walnusskeksen und Obst zu füttern, wecken mich mitten in der Nacht für „Madame, passport!", schleusen mich durch die drängelnden Menschentrauben bei Ein- und Ausreise. Während wir auf die Weiterfahrt warten, unterhält Bita mich mit Mobiltelefon-Filmen und Fotos ihrer Familie. Und als das Frauenklo an der iranischen Grenze verschlossen ist, sorgt sie dafür, dass wir trotz der vielen Männer das Herrenklo benutzen dürfen. Zwei Frauen. Auf dem Herrenklo. Noch im Iran.

Selbst auf türkischem Boden geben meine iranischen Reisegefährten die Verantwortung für ihren ausländischen Gast nicht ab: Natürlich werde ich in Van noch zum Busbahnhof gebracht. Mein Ticket für die Weiterfahrt mit dem Bus nach Antalya wird selbstverständlich ebenfalls noch organisiert – inklusive Rabattverhandlung.

Und dann steige ich ein: vollgepackt mit unzähligen Eindrücken, Erlebnissen, Bildern, Geschichten, Geschenken – einigen Antworten, aber mindestens genauso vielen neuen Fragen. Dankbar und überwältigt. Beeindruckt und fasziniert. Begeistert und erschöpft zugleich. „My Farsi is finished." Zumindest für den Moment.

Das Kopftuch ist wieder ab – und mein Kopf schwirrt umso mehr. Ich werde ein paar ruhige Tage brauchen, um aus dem Jahr 1392 wieder im Jahr 2013 anzukommen. Wobei ich mir jetzt schon sicher bin, dass ich diese Zeitreise noch einmal machen werde.

Marivan

8 Wochen Iran: Epilog

„If my people lived in another country, they would rock!"

Damit ist eigentlich alles gesagt. Treffender als die 16-jährige Azadeh aus Sanandaj kann ich meine Eindrücke und Erlebnisse von 59 Tagen Iran kaum auf den Punkt bringen. Wobei für mich jetzt schon gilt: The people in Iran – they rock!

„Mutig!" So wurde meine Reise von vielen kommentiert. Stimmt: mutig! Allerdings nicht von mir, sondern von den vielen Iranern, die mich so selbstverständlich aufgenommen haben. Die mir als Fremde einen so tiefen Einblick in ihr privates Leben gewährt haben. Die kein Blatt vor den Mund genommen haben. Die mir die Angst vor „dem Unbekannten" so schnell genommen haben. Die mir mit so viel Gastfreundschaft, Weltoffenheit und Kritikbereitschaft begegnet sind – durch die ich mich so willkommen und sicher wie selten in einem fremden Land gefühlt habe.

Und das in einem Land, in dem Frauen immer noch weniger Rechte als Männer haben, in dem Oppositionelle spurlos verschwinden, in dem die Todesstrafe teilweise sogar öffentlich vollstreckt wird. In dem ein Regime herrscht, das versucht, den Einfluss aus dem Westen zu unterbinden, das einen komplexen und undurchsichtigen Überwachungsapparat aufgebaut hat und das vor gut vier Jahren die friedlichen Proteste seiner Bürger für Freiheit und Demokratie brutal zerschlagen hat.

Also: „What do you think of Iran?"

Immer wieder wurde mir diese Frage von Iranern gestellt.

Nach 59 Tagen im Land? Meine Antwort: zwei weit voneinander entfernt ausgestreckte Hände mit dem Kommentar: „This is what we hear about Iran – and that's you: the people I've met here."

Auch wenn es für mich gleichzeitig ein großes Rätsel ist, wie eine derartige Kluft zwischen dem Image eines Landes und den Erlebnissen mit den Menschen vor Ort entstehen kann.

Vielleicht wandelt sich dieses Iran-Image gerade ein bisschen: Sechs Wochen nach meiner Reise wurde der als gemäßigt geltende Geistliche Hassan Rouhani zum Präsidenten gewählt, und zumindest nach außen findet momentan eine neue Annäherung statt. Was allerdings daraus wird, wie die Weltgemeinschaft langfristig darauf reagiert und ob dies nicht nur ein oberflächlicher Image-Wandel auf allen Seiten ist, sondern tatsächliche Veränderungen nach außen und innen stattfinden, weiß noch niemand.

Ich wünsche meinen iranischen Bekanntschaften und neuen Freunden von Herzen, dass es möglichst bald einen Wandel in ihrem Land gibt. Eine Evolution von innen heraus, bei der sie ihr Land selbst gestalten können – ohne „Hilfe" von außen, so wie es viele von ihnen gesagt haben. They would rock! Und ich wünsche ihnen, dass auch die Außenwelt ihre Sicht verändert und sie ihre „We are terrorists"-Witze endlich wieder einpacken können.

Für mich gilt eine wichtige Regel des iranischen Ta'arof ab jetzt auf jeden Fall auch für mein Weltbild: Man sollte immer dreimal fragen! Wie schön, dass ich als Bürgerin eines freien Landes die Möglichkeit dazu habe.

LET'S ROCK!
HELENA

PEOPLE IN ANOTHER NTRY, ROCK!"

Meinen Eltern

Dem Team

Frizzi Kurkhaus für großes Durchhaltevermögen und noch groß-
artigere Gestaltung ⋆ Julia Camerer für stilsicheres Lektorat und
ständige Beratung ⋆ Hartmut Niemann für umfassendes Iran-
Expertenwissen und geduldiges Fragenbeantworten ⋆ Rufus Henneken
für motivierende Erstleserschaft und permanentes Anfeuern
⋆ Jan Mueller-Wiefel für „Wir MÜSSEN das Buch machen!"
⋆ Benjamin Nadjib für fantastische Fotos von Geschenken und
Bettlakengespenstern ⋆ Katarina Altrogge für leidenschaftliche
Rechtsberatung ⋆ Neda Rahmanian für engagiertes Networking
⋆ Hilke Koll für logisches Denken in anderer Leserichtung
⋆ Simone Brenner für Fragen, ohne die diese Reise
nie stattgefunden hätte

Den Hauptdarstellern

Afrooz ⋆ Ahmad ⋆ Akbary ⋆ Ala ⋆ Ali ⋆ Ali ⋆ Ali ⋆ Ali ⋆ Ali Reza ⋆
Ali Reza ⋆ Ali Reza ⋆ Alireza ⋆ Alireza ⋆ Amir ⋆ Anahid ⋆ Ariz ⋆
Ashkan ⋆ Ashok ⋆ Asiyeh ⋆ Azad ⋆ Aziz ⋆ Behmard ⋆ Boshra ⋆
Chiman ⋆ Ebrahimi ⋆ Erfan ⋆ Fareed ⋆ Farshid ⋆ Fatemeh ⋆ Fatemeh ⋆
Gelavezh ⋆ Hadi ⋆ Hadi ⋆ Hamed ⋆ Hanieh ⋆ Holger ⋆ Hosein ⋆
Hossein ⋆ Isi ⋆ Julian ⋆ Lordan ⋆ Majid ⋆ Majid ⋆ Maryam ⋆
Massoud ⋆ Mehdi ⋆ Mehdi ⋆ Mehdy ⋆ Mo ⋆ Mohamad ⋆ Mohammad ⋆
Mohammad ⋆ Mohammad-Reza ⋆ Mohammed ⋆ Mona ⋆ Mortasa ⋆
Mr. Abdollah ⋆ Nayareh ⋆ Nima ⋆ Nima ⋆ Nina ⋆ Nishtman ⋆ Paniz ⋆
Pascal ⋆ Pedram ⋆ Rashid ⋆ Resa ⋆ Reza ⋆ Reza ⋆ Reza ⋆ Reza ⋆
Ronya ⋆ Saba ⋆ Saba ⋆ Saba ⋆ Sadi ⋆ Sajad ⋆ Sana ⋆ Sanaz ⋆ Sara ⋆
Sarah ⋆ Shahireh ⋆ Shahrzad ⋆ Shakiba ⋆ Shiva ⋆ Tara ⋆ Thierry ⋆
Vali ⋆ Xasxas ⋆ Yaser ⋆ Zahra ⋆ Zare
& ihren Familien!

Den vielen Unterstützern, Beratern und Cheerleadern

Alexa ⋆ Amelie ⋆ Annika ⋆ Antje ⋆ Arno ⋆ Britt ⋆ Carla ⋆ Claudia ⋆
Doro ⋆ Frank ⋆ Gela ⋆ Georg ⋆ Günes ⋆ Helen ⋆ Holger ⋆ Ida ⋆
Jochen ⋆ Johannes ⋆ Kathrein ⋆ Katja ⋆ Lena ⋆ Marc ⋆ Marc ⋆ Markus ⋆
Martha ⋆ Martin ⋆ Matthias ⋆ Paul ⋆ Peter ⋆ Rainer ⋆ Ralph ⋆
Rike ⋆ Sascha ⋆ Seco ⋆ Stefanie ⋆ Teresa ⋆ Thea ⋆
Thoralf ⋆ Trudy ⋆ Volker ⋆ u.v.m.

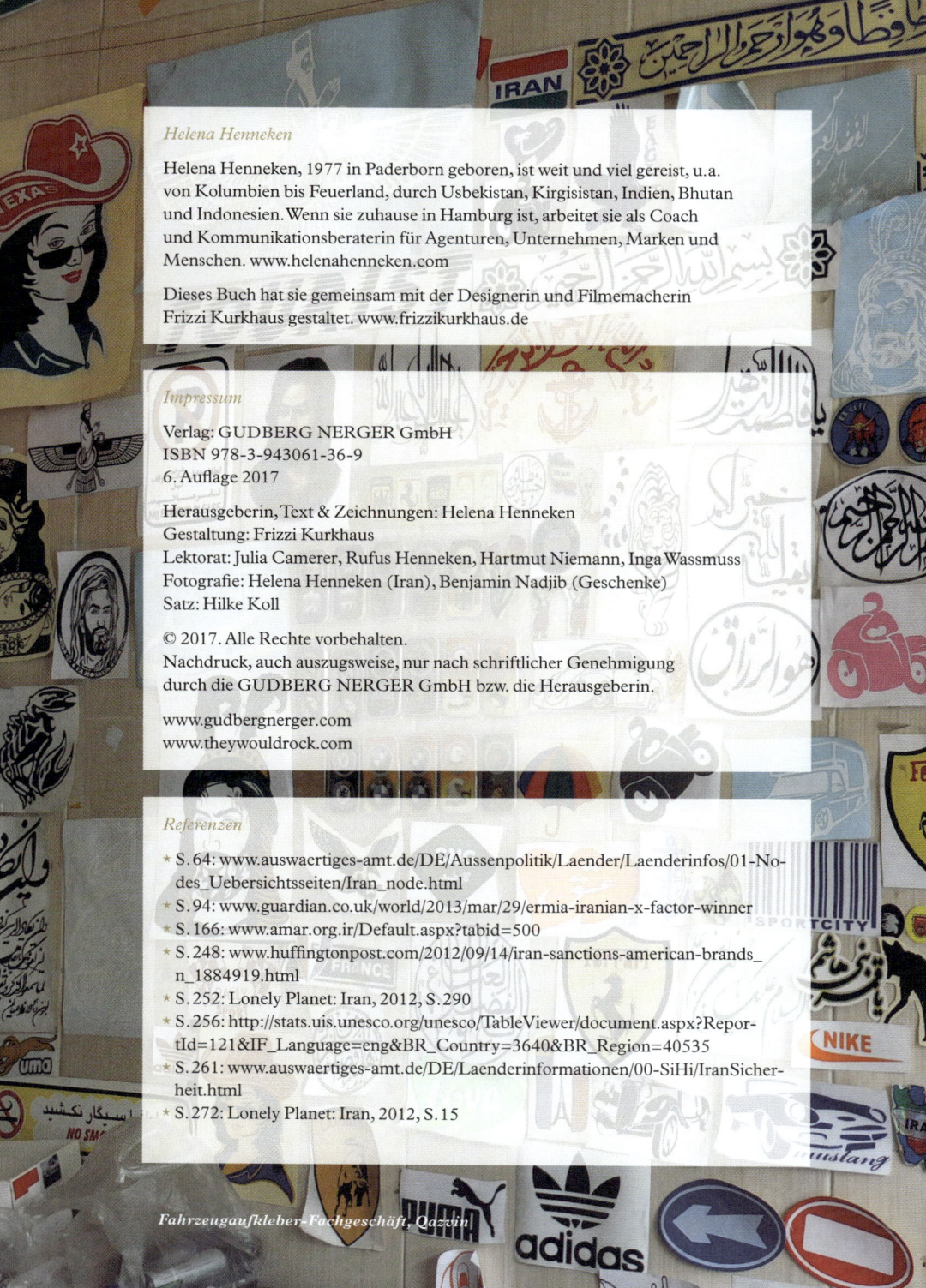

Helena Henneken

Helena Henneken, 1977 in Paderborn geboren, ist weit und viel gereist, u.a.
von Kolumbien bis Feuerland, durch Usbekistan, Kirgisistan, Indien, Bhutan
und Indonesien. Wenn sie zuhause in Hamburg ist, arbeitet sie als Coach
und Kommunikationsberaterin für Agenturen, Unternehmen, Marken und
Menschen. www.helenahenneken.com

Dieses Buch hat sie gemeinsam mit der Designerin und Filmemacherin
Frizzi Kurkhaus gestaltet. www.frizzikurkhaus.de

Impressum

Verlag: GUDBERG NERGER GmbH
ISBN 978-3-943061-36-9
6. Auflage 2017

Herausgeberin, Text & Zeichnungen: Helena Henneken
Gestaltung: Frizzi Kurkhaus
Lektorat: Julia Camerer, Rufus Henneken, Hartmut Niemann, Inga Wassmuss
Fotografie: Helena Henneken (Iran), Benjamin Nadjib (Geschenke)
Satz: Hilke Koll

Referenzen

⋆ S. 64: www.auswaertiges-amt.de/DE/Aussenpolitik/Laender/Laenderinfos/01-No-
des_Uebersichtsseiten/Iran_node.html
⋆ S. 94: www.guardian.co.uk/world/2013/mar/29/ermia-iranian-x-factor-winner
⋆ S. 166: www.amar.org.ir/Default.aspx?tabid=500
⋆ S. 248: www.huffingtonpost.com/2012/09/14/iran-sanctions-american-brands_
n_1884919.html
⋆ S. 252: Lonely Planet: Iran, 2012, S.290
⋆ S. 256: http://stats.uis.unesco.org/unesco/TableViewer/document.aspx?Repor-
tId=121&IF_Language=eng&BR_Country=3640&BR_Region=40535
⋆ S. 261: www.auswaertiges-amt.de/DE/Laenderinformationen/00-SiHi/IranSicher-
heit.html
⋆ S. 272: Lonely Planet: Iran, 2012, S.15

Fahrzeugaufkleber-Fachgeschäft, Qazvin

ZUM ABSCHLUSS: EIN RÄTSEL

*Welcher bereits verstorbene, deutsche Sänger mit
dem Namen „Alex" hat es zu solcher Berühmtheit gebracht,
dass viele Iraner heute noch von ihm schwärmen?*

Die Antwort ist mir unbekannt.
Hinweise bitte an: alex@theywouldrock.com

Dieses Buch beginnt am anderen Anfang – wie Bücher im Iran.